北京时尚产业发展

蓝皮书2021

文献　贾荣林　主编

THE BLUE BOOK OF
BEIJING FASHION INDUSTRY
DEVELOPMENT 2021

中国纺织出版社有限公司

图书在版编目（CIP）数据

北京时尚产业发展蓝皮书．2021 / 文献，贾荣林主编．— 北京：中国纺织出版社有限公司，2021.9
ISBN 978-7-5180-8795-2

Ⅰ．①北… Ⅱ．①文… ②贾… Ⅲ．①服装工业－产业发展－研究报告－北京 -2021 Ⅳ．①F426.86

中国版本图书馆 CIP 数据核字（2021）第 163244 号

责任编辑：余莉花　　　　责任校对：王蕙莹
版式设计：茹玉霞　　　　责任印制：王艳丽

中国纺织出版社有限公司出版发行
地址：北京市朝阳区百子湾东里 A407 号楼　邮政编码：100124
销售电话：010—67004422　传真：010—87155801
http://www.c-textilep.com
中国纺织出版社天猫旗舰店
官方微博 http://weibo.com/2119887771
唐山玺诚印务有限公司印刷　各地新华书店经销
2021 年 9 月第 1 版第 1 次印刷
开本：787×1092　1/16　印张：8.5
字数：162 千字　定价：298.00 元

前言

2021年是“十四五”规划开局之年，是首都北京现代化建设新的起点。

自2004年提出建设“时装之都”以来，北京市开始更加重视和支持时尚产业发展。2009年提出建设世界城市，2012年作为“设计之都”加入联合国全球创意城市网络，2020年提出建设国际消费中心城市。全市时尚产业内涵不断丰富，时尚产业规模不断扩大，时尚城市国际影响力不断增强。

搭乘新时代中国特色社会主义建设的快速列车，北京时尚产业发展应立足新发展阶段、贯彻新发展理念、融入新发展格局，切实把握重大战略机遇，加快实现高质量发展，为服务首都发展、提升城市综合竞争力及建设国际一流的和谐宜居之都提供重要支撑。

一、选题背景与意义

面对百年未有之大变局，国家和各级政府十分重视探索新发展格局下因地适宜发展经济的切入点和有效途径。“十四五”时期，各地区必须找准自己在国内大循环和国内国际双循环中的位置和比较优势，有条件的地区应率先探索有利于促进全国构建新发展格局的有效路径，发挥引领和带动作用。作为首都，北京属于有条件的地区，可以率先探索融入新发展格局的有效路径，拿出北京行动，做出北京贡献。

目前，北京市消费主导地位更加突出，建设国际消费中心城市的条件更加成熟。2020年，全市消费率提高到六成以上，成为全国首个消费率超过投资率的省级区域，消费对经济增长的贡献率超过七成，消费市场不仅立足全市及京津冀区域，更是面向全国、放眼世界；2021年，经国务院批准，北京市将率先与上海市、广州市、天津市、重庆市一并开展国际消费中心城市的培育建设。这表明，北京具备增加消费有效供给、增强消费对经济发展的基础性作用的条件和能力，已迈入以创造新需求、促进经济增长和社会进步的新阶段。

北京国际消费中心城市建设与时尚产业发展既相互关联，也互相促进。建设国际消费中心城市，将赋予北京时尚产业发展新定位、新使命、新目标和新动能；北京市要率先建成国际消费中心城市，必须提升城市时尚消费的影响力和辐射力，这需要时尚新科技、新产业、新模式、新业态、新经济等做有力支撑。因此，北京时尚产业的发展研究应以国际消费中心城市建设的背景任务为着眼点，既能切实拓展北京时尚产业发展研究思路和领域，又能为北京建设国际消费中心城市提供理论和方法支撑；既能从新的视角对北京时尚产业发展做进一步的梳理和谋划，又能为北京建设国际消费中心城市提供经验启示与对策建议。

二、内容框架

本报告共分三篇。

第一篇为年度报告，涵盖第一章，主要是2019—2020年北京时尚产业发展的分析与未来展望。本章对北京时尚产业的内涵及分类做了深入研究，对2019—2020年北京时尚产业及其重点领域的发展状况做了系统回顾，并结合全市时尚产业的发展形势，对未来北京时尚产业的发展做了前瞻性的展望。

第二篇为主题报告，涵盖第二章，对开展时尚产业发展与北京国际消费中心城市建设做了重点研究。本章阐述了发展时尚产业对建设北京国际消费中心城市的重大意义，提出了国际消费中心城市建设背景下北京时尚产业发展的基本思路、发展战略和对策建议。

第三篇为专题研究，涵盖第三章至第八章，分别从国际消费中心城市时尚产业发展的经验及启示，北京时尚商圈发展，北京时尚产业与科技、教育融合发展，北京时尚品牌建设，北京时尚消费政策回顾与展望，朝阳区时尚产业发展等方面开展了专题研究，为国际消费中心城市建设背景下北京时尚产业发展提供了更多的分析论证、经验启示和对策建议。

三、主要特色

（一）紧扣时代主题，开展前瞻研究与理论探索

国际消费中心城市是现代国际化大都市的核心功能之一，是消费资源的集聚地，更是一国乃至全球消费市场的制高点。“十四五”时期，北京将致力于率先开展国际消费中心城市建设，这既是增强“四个中心”功能、提升“四个服务”水平的必然要求，也是全市扩大并引领消费、促进产业结构升级、拉动经济增长的重要抓手。

本报告紧扣北京建设国际消费中心城市这一主题，开展了国际消费中心城市的内涵、特征及形成过程的理论研究，总结了国际知名消费中心城市与时尚产业发展的相互关系和作用机制，进行了在国际消费中心城市建设为导向的背景下北京市发展时尚产业与国际先进经验的对标分析，并结合“十四五”期间北京市的战略目标和关键任务，提出了发展数字时尚经济、打造特色时尚商圈、培育壮大时尚品牌等一些新观点和新思路，这对新时期北京推动时尚产业高质量发展、打造国际消费中心城市提供了一定的前瞻性研究思路和重要理论支撑。

（二）坚持问题导向，回应重大关切与社会热点

北京市委、市政府高度重视国际消费中心城市建设。围绕新基建、新场景、新消费、新开放、新服务，全市构建了《关于加快培育壮大新业态新模式促进北京经济高质量发展的若干意见》及《北京市促进新消费引领品质新生活行动方案》等“1个若干意见+5个具体行动方案”的政策体系，致力于以供给侧结构性改革创造新需求、以市场化改革和全方位开放促进经济新旧动能转换，社会各界也积极为国际消费中心城市建设建言献策。

本报告针对当前北京市时尚氛围不浓郁、时尚教育水平相对不强、时尚消费国际化程度不够、时尚商圈国际影响力不足、时尚地域特征不突出等问题，分别就关键问题进行了深入分析研究，回应国际消费中心城市建设背景下北京时尚产业发展面临的热点难点，并提出了全方位多角度的思路与对策。

（三）注重操作实践，提出战略路径与对策建议

本报告秉承客观、可靠和科学的宗旨，通过主题报告和相关专题报告展开，在充分研究现状和发展趋势的基础上，提出了国际消费中心城市背景下北京发展时尚产业的战略路径及具有针对性、操作性的对策建议。报告提出新时期北京要通过提升做实时尚产业、发出“中国声音”、讲述“北京故事”，将北京建成全球时尚IP策源地、国际时尚消费中心城市、国际时尚教育和时尚文化中心及全国“时尚+科技”融合发展示范市，探索打造国际时尚之都的中国样板，成为北京建设国际消费中心城市的重要支撑。在此基础上，报告对北京时尚商圈改造升级、推动时尚与科技教育融合发展、强化时尚品牌建设、完善时尚消费政策及北京市朝阳区时尚产业发展等方面也分别提出了发展路径和政策建议，以期对北京时尚产业发展提供一定的智力支持。

本报告在编委会统一指导下编写，力求对国际消费中心城市建设背景下北京发展时尚产业提供独到的观察视角、深入的分析论证和具有一定战略性、前瞻性、针对性和可操作性的对策建议，并期望能对各类机构和广大读者提供一些有用的参考。

本报告撰写过程中得到了北京服装学院、北京市朝阳区委区政府、北京市委市政府相关部门和中国纺织工业联合会的大力支持，特别是从架构设计到成文、完善、定稿全过程得到北京服装学院校领导的悉心指导，也得到了有关领导、兄弟单位、同行同仁的指导、支持与帮助，在此一并致谢！同时，由于时间仓促和资料所限，本报告定会存在诸多不足与缺陷，我们恳请各类机构和广大读者提出宝贵意见。

编者

2021年8月1日

目 录

第一篇

年度报告

第一章 2019—2020年北京时尚产业发展分析与展望

时尚产业是文化与科技深度融合的产业，是一座城市文化软实力的直接体现。围绕首都“四个中心”发展定位，构建北京市时尚消费、时尚智造、时尚传播、时尚文化和时尚休闲的现代时尚产业体系，有利于北京加速优质国际时尚资源要素聚集，有利于提升文化创新能力和文化服务能力，有利于北京市提升首都形象和城市品质，全面推进首都国际消费中心城市建设。2019—2020年北京市时尚产业蓬勃发展，时尚资源加速集聚，首店经济引领发展，时尚消费活力重现，全面推进了北京市经济社会高质量发展。

一、北京时尚产业的内涵与分类

时尚起初萌芽阶段往往以酷为标志，而时尚发展成熟阶段往往表现为流行的消费趋势。时尚既是一种流行的生活习惯、行为模式，更是具有时代特征的文化映射，或者说是大众心理的状态与追求，时尚产业具有强辐射性、高附加值、低污染的基本特征。可以说，时尚就是在一定经济社会发展阶段和特色社会文化背景下，依托时尚创新设计，通过各种时尚行为，引领一段时期内流行的消费习惯、生活方式以及社会文化。

关于时尚产业的界定，虽然国家统计局未出台统一的分类标准，学术界也没有达成明确共识，但是各种研究成果依据不同的研究视角，界定了时尚产业的基本内涵与分类标准。《上海产业发展重点支持目录（2008）》强调时尚产业是以人类心理需求和审美需求为目标，以服务消费为核心，涵盖时尚设计、制造、推广、销售、消费等一系列环节的经营性活动；《中国时尚产业蓝皮书（2014—2015）》突出时尚产业是横跨服务、制造、文化等多种产业领域与产品形态的集合；《浙江省时尚产业发展规划纲要（2014—2020年）》注重时尚产业引领时代消费流行趋势的重要特点；《中国时尚产业发展蓝皮书（2018）》认为时尚产业发展的无边界特征，涵盖了时尚消费的各个环节和价值链；《深圳市时尚产业发展规划（2021—2025年）》结合深圳时尚产业基础，深圳时尚产业重点发展领域包括时尚消费电子、服装、家居、钟表、首饰、美容美发美妆、皮革、眼镜、其他时尚产品及服务等九大领域。这些报告和规划成果可以为界定北京时尚产业的研究范畴提供重要参考依据。借鉴赵洪珊、李晓慧（2014）和姚栋（2020）对于时尚产业核心层、扩展层和延伸层的划分，围绕北京“四个中心”功能建设，推进北京建设国际消费中心城市，我们认为北京市时尚产业分为时尚消费、时尚智造、时尚传播、时尚文化和时尚休闲五个重点领域。

二、2019—2020年北京时尚产业的总体回顾

在经济高质量发展与数字科技赋能的双重推动下，北京时尚产业蓬勃发展，时尚消费规模逐步扩大，时尚品牌影响力不断增强，时尚产业生态圈逐步体系化发展。

（一）时尚产业规模平稳发展

2019—2020年，北京市纺织服装时尚产业总体保持平稳发展。在北京市疏解非首都功能背景下，北京市传统纺织服装产业有序调整，总体规模保持平稳发展的态势，同时，北京市纺织服装企业通过加强技术研发、数字化赋能、场景业态创新等多种方式，加快向现代时尚经济的转型升级，实现全产业链发展，时尚价值链提升，整个行业由规模扩张向高质量发展转变。

1.纺织服装时尚产业整体保持平稳发展态势

2019—2020年，深受国际贸易摩擦加剧，地缘政治风险提高以及新型冠状病毒肺炎疫情席卷全球的叠加影响，北京市纺织服装行业发展规模呈现出进一步放缓态势，但是行业发展势头依旧向好，整个行业处于调整转换的关键时期。根据北京市统计局数据，2020年北京市纺织业和纺织服装、服饰业拥有规模以上企业完成工业生产总值达到127.5亿元，同比下降10.4%（图1–1）。可以看出，“十三五”以来，北京市纺织服装行业总体规模处于下降态势，行业整体规模下降的同时，时尚业态蓬勃发展，传统纺织企业向现代时尚产业转变的需求更为迫切。

2.纺织服装企业加快数据化转型

“十三五”期间，北京市纺织业与纺织服装、服饰业工业生产总值之比呈现下降趋势，虽然2020年受到新冠肺炎疫情影响纺织业比重有所上升（图1–2），但从整个行业来看，时尚纺织行业处于数据化转型的重要时期。在北京疏解非首都功能的背景下，传统纺织服装企业发展遭遇瓶颈，低附加值生产环节逐步向京外转移，同时倒逼整个行业通过技术创新、新产品研发、业态创新等措施实现自身产业链转型升级。例如，北京时尚控股集团、汇聚启达（北京）有限公司等时尚企业通过文化设计、个性化定制以及工艺创新等，为传统服饰服装赋能，成为北京市服装、服饰行业实现产业链转型升级的重要标志。静态展示、定制创意设计等时尚业态已经成为北京时尚企业转型发展的新方向，不仅顺应北京市产业结构布局调整的实现需求，而且通过低效产能转移，赢得打造品牌文化和重塑行业价值链的双重优势，可以看出，当前北京纺织时尚企业正在加快推进时尚与科技、文化、品牌的融合发展，数字化变革特征明显。

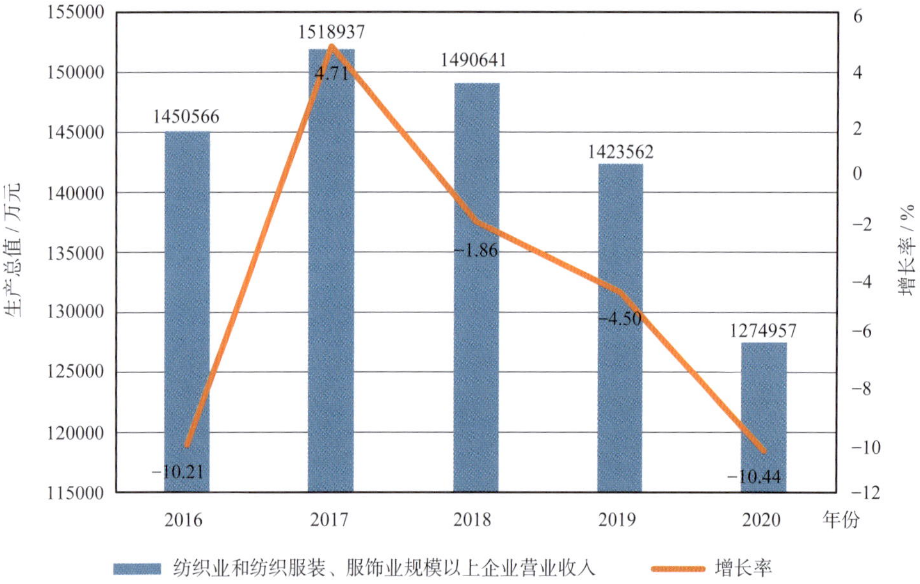

图 1-1 2016—2020 年北京市纺织服装业规模以上企业生产总值

数据来源：北京市统计局。

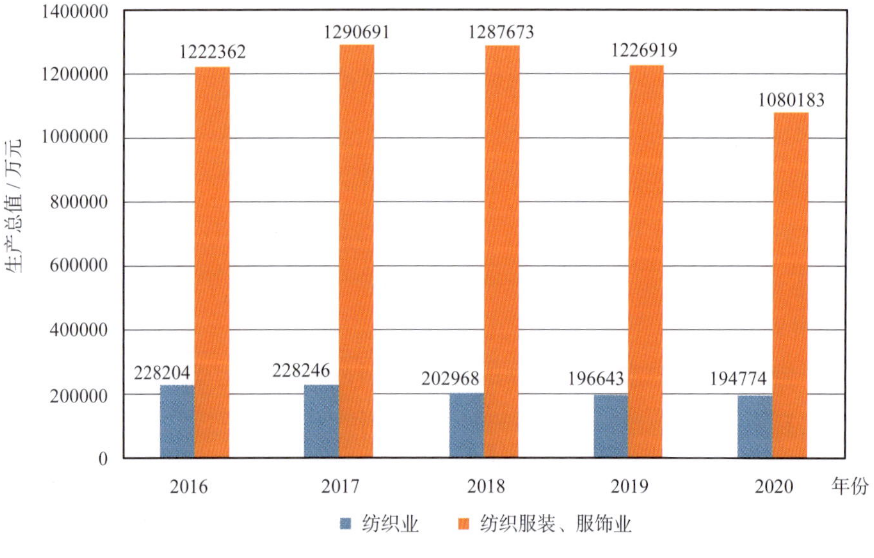

图 1-2 2016—2020 年北京市纺织业、纺织服装和服饰业规模以上企业工业生产总值比较

数据来源：北京市统计局官方网站。

（二）时尚产业结构不断优化

文化创意产业是现代时尚产业的重要组成，为时尚产业发展提供原创性内容产品。当前，北京市文化创意产业继续蓬勃发展，行业产值保持平稳，劳动生产效率大幅提升，行业结构不断优化，引领北京市经济高质量发展。

1. 北京市文化创意产业在国民经济中所占比重不断提升

文化创意产业作为北京市重点鼓励发展行业，近年来行业整体蓬勃发展。2020年北京规模以上文化产业企业实现收入14209.3亿元，同比增长9.3%，占GDP比重为39.4%（图1–3）。与此同时，2020年北京规模以上文化产业法人单位从业人员为59.3万人，虽然从业人员规模同比下降3.0%，但行业劳动力平均产出大幅增加，达到216.3万元/人，同比增长19.2%，北京市文化创意产业高质量发展水平不断提高。“十三五”期间，北京市文化产业产值占地区生产总值不断提升，北京的文化品牌、文旅形象、城市创意水平已经在全国省市排名中位列第一。文化产业作为时尚产业的上游，依托全国文化中心的发展优势，未来文化产业将为北京市时尚产业发展提供更多内容创新，增强首都时尚文化创意的影响力。

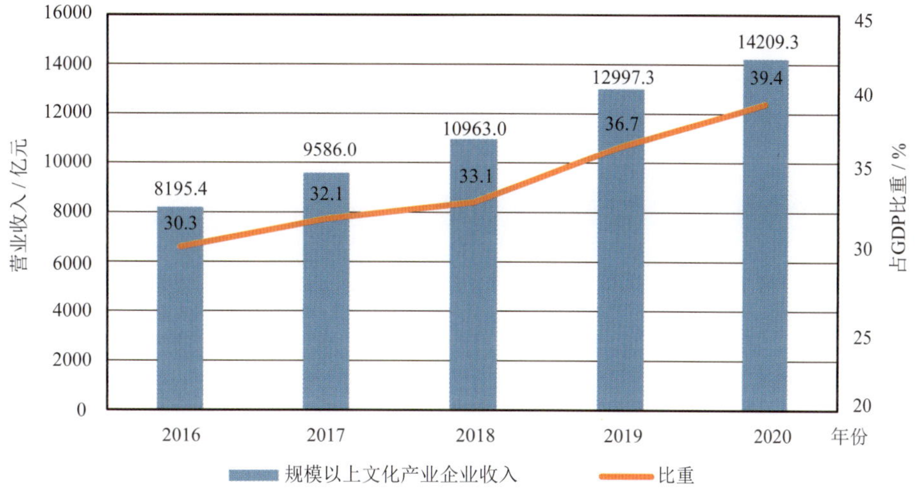

图 1–3　2016—2020 年北京市规模以上文化产业企业收入情况

数据来源：北京市统计局。

2. 产业结构不断优化，创意设计服务业表现突出

《北京市“十三五”时期工业转型升级规划》提出“以时尚设计为引领，加快三维人体自动测量、虚拟试衣、智能供应链物流管理等尖端技术应用，发展高性能纺织品、功能性特种服装、设计师品牌成衣等高附加值产品”。2019年北京市规模以上创意设计服务领域法人单位收入为3374.9亿元，占产业营业收入近1/4（图1–4）。近年来北京创意设计服务行业发展迅猛，一方面得益于北京市集聚了大量优质设计服务资源，另一方面也汇聚了中央电视传媒广告、微创时代、引力传媒、阿里巴巴等150余家知名时尚传媒企业。同时，工业设计也是北京市重点发展的产业之一，不仅为北京市高精尖产业体系提供设计服务，而且也在建筑设计、时尚设计、专业设计等方面也体现出“北京设计”的综合实力与创意水平，汇聚了中联环建文建筑设计、军都晨宇工程设计、都锦网络科技等大批全国百强优质设计企业。

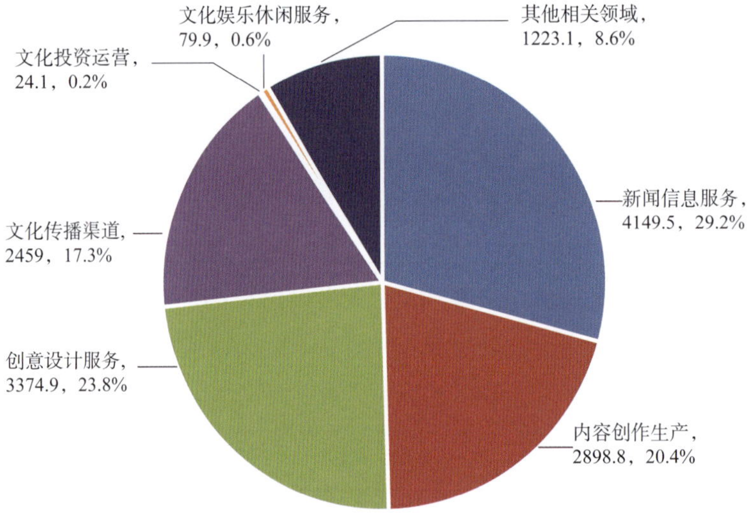

图 1-4 2020 年北京市规模以上文化产业细分行业收入情况（单位：亿元）

数据来源：北京市统计局。

（三）时尚集聚平台日趋合理

北京市致力于打造“设计之都”，时尚产业呈现出集聚发展态势，时尚资源日益丰富。当前，北京市已经形成以751D·PARK北京时尚设计广场为代表的时尚产业集聚区（表1-1），这里不仅是传统纺织服装企业转型升级的重要载体，而且优化了时尚产业园区的合理布局，提升整个城市的时尚指数。据中国城市时尚指数评价显示，北京城市时尚指数、消费活力指数明显高于国内其他城市，以美食、旅游、电影、美妆和IP衍生品为代表的消费高度活跃。随着北京市疏解非首都核心功能，大红门重新定位于时尚园区，率先外迁低端商业业态，重点发展文化创意产业与时尚消费商务服务业。

表 1-1 北京市部分时尚产业集聚区

聚集区 / 园区	区域	发展方向
751D·PARK 北京时尚设计广场	朝阳	创意设计、产品交易、品牌发布、展演展示、时尚体验
北服时尚设计产业创新园	朝阳	服装设计、服饰设计、平面设计、建筑设计、品牌推广、文化创意、新媒体
郎园 Station	朝阳	孵化器、时尚秀场、影视传媒、文化餐饮
北京电影学院影视文化产业创新园平房园区	朝阳	影视拍摄、节目制作、产品发布、时尚赛事、社交娱乐、教育培训等
铜牛电影产业园	朝阳	电影前期策划、剧本创作、投资、制作
北京塞隆国际文化创意园	朝阳	影视制作、广告设计、网络服务、艺术展览、休闲娱乐
DREAM2049 国际文创产业园	朝阳	艺术品展示、艺术培训、文化创作
宋庄原创艺术集聚区	通州	文化产业会展交易、创意设计和时尚影视传媒

续表

聚集区/园区	区域	发展方向
北京（永外）时尚创意产业基地	东城	时尚设计创意、传播发布、会展等
西长安街现代演艺产业集聚区	西城	演艺产业、旅游产业、商务服务业、休闲娱乐业
西海四八文化创意空间	西城	创意设计，包括建筑、环境景观设计、视觉广告设计，影视及传媒等
北京 DRC 工业设计创意产业基地	西城	设计创意产业
中关村多媒体创意产业园	海淀	动画、影视制作、数字艺术、手机动漫、电子游戏和工业设计
大红门时尚创意园区	丰台	高端生活服务、时尚创意、高端商务和配套商务服务

同时，北京市时尚科教资源十分丰富。以北京服装学院、中央美术学院、清华大学美术学院、中国传媒大学等一大批高等院校，为时尚产业发展培育了大批时尚人才。围绕时尚消费发起了“北京时装周”“时尚消费月”等系列时尚活动，有效地促进了时尚商品消费及服务消费同步增长，提升了中国时尚的国际影响力，北京的时尚产业人才专业化、国际化程度不断提高。

（四）时尚消费氛围日益提升

随着人均可支配收入的不断提高，居民对于美好生活的物质文化需求不断增长，推动了北京市时尚产业的蓬勃发展。2020年，北京市居民人均可支配收入达到69424元，同比增长2.5%（图1–5），虽然人均可支配收入增长率有所下降，但是社会消费需求依旧强劲，有效地推动了时尚消费增长。

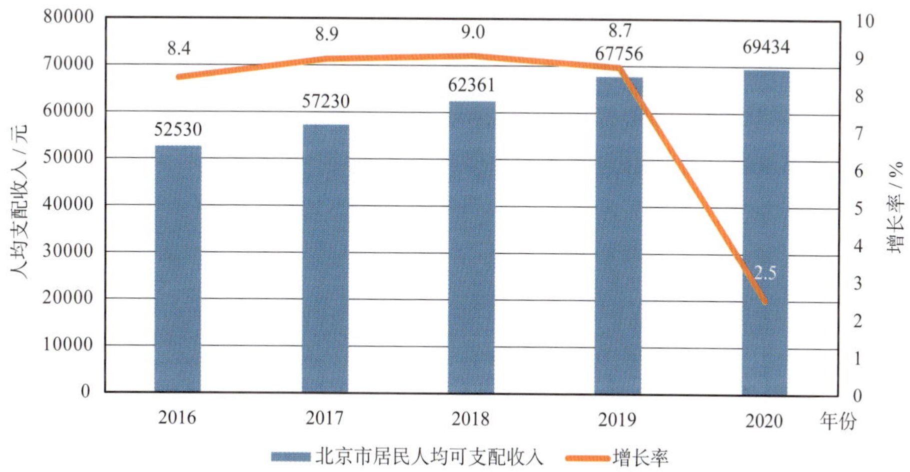

图 1–5　2016—2020 年北京市居民人均可支配收入以及增长速度

数据来源：《北京市历年国民经济和社会发展统计公报》。

（五）时尚产业环境日渐优越

北京时尚产业发展环境日渐优越，一流的营商环境，为时尚产业发展创造良好的外部条件。根据世界银行《2020年营商环境报告》，北京市营商环境全球排名第28位，不仅是全国营商环境发展的样本城市，而且营商环境整体水平已经超越日本东京和部分欧盟城市。多项营商环境指标位列世界前列。当前全市依旧加强营商环境改革，新出台“营商环境3.0版改革”，将对标世界城市的发展需求，深化各个维度的改革，促进全市营商环境的进一步优化。

同时，北京市时尚产业政策环境也在不断完善。例如，2019年相关政策提出北京要建设具有国际竞争力的创新、创意城市，建设满足群众高品质文化消费需求的创新中心。2020年相关政策提出要不断优化新兴消费供给，全面改革创新政府服务，打造北京经济新增长点。与往期政策相比，当前时尚产业政策的政策目标更加明确，不仅涵盖传统的时尚消费领域，而且同一政策文本涉及文化、体育、科技等多个政策领域，政策力度不断加强。北京市时尚产业政策体系不断完善，更有利于提高北京时尚产业的对外开放层次，也为北京市打造世界时尚城市奠定了良好的政策环境。

三、北京时尚产业重点领域的发展回顾

时尚产业是朝阳产业，是以时尚消费为核心的产业集群综合性体现。围绕北京市“四个中心”功能建设，北京市时尚产业的重点主要包括时尚消费、时尚智造、时尚文化、时尚传播、时尚休闲五大领域。

（一）时尚消费领域

新经济时代，时尚消费具有影响广、传播快、品类多和时间短的发展特征，时尚消费既是社会流行的消费心理，又是大众化的消费业态。北京市不仅具备强劲的时尚消费动力，而且在时尚消费圈和时尚首店经济等方面已经形成一定的影响力。

1.时尚消费氛围日益浓郁

根据统计局数据，2020年，北京市社会消费品零售总额达到13716.4亿元，全市居民人均可支配收入为69434元，比上一年增长2.5%，虽然受疫情影响严重，然而北京发放消费券等系列政策措施，为时尚消费注入活力。8月炫彩生活月、9月时尚消费月、10月国潮精品月、11月京城好货直播月等主题月活动，极大提振了首都时尚消费市场，并推动了时尚经济圈和首店经济的快速发展。“国潮”概念不仅成为北京时尚产业发展的特色标签，“国货”品牌也是北京打造时尚之都的核心资源。从价格指数来看，北京市金银珠宝类商品零售价格指数增长较快，2016—2020年北京商品零售价格指数基本保持平稳态势，与时尚相关的商品消费指数中，纺织服务、交通通信、体育娱乐等传统商品零售价

格指数略有下降，而化妆品类、金银珠宝类等高档商品零售价格指数增加较快。可以看出，随着居民人均可支配收入的快速增长，北京市时尚消费动力强劲，城市时尚消费氛围日益浓郁（表1–2）。

表1–2　2016—2020年北京市与时尚相关商品价格指数（上年=100）

指标	2016	2017	2018	2019	2020
商品零售	98.1	99.2	101.1	100.5	101.7
服装鞋帽类商品零售	100.2	97.6	99.5	101.7	99.4
纺织品类商品零售	95.5	97.8	100.6	99.5	99.9
体育娱乐用品类商品零售	100.5	99.9	99.4	99.6	102.5
交通、通信用品类商品零售	90.9	94.3	97.5	97	95.8
化妆品类商品零售	103.4	102.1	101.9	101.6	100.9
金银珠宝类商品零售	111.2	102.8	98.7	110.9	108.3

数据来源：国家统计局、2020年北京市居民消费价格指数变动情况。

2. 时尚商圈构筑消费热点

根据《北京市商圈活力研究报告》，CBD、王府井、三里屯是北京消费活力最强的商圈，位列全市52个商圈的前三位。根据北京市消费商圈五个评价维度，CBD商圈五个维度发展均衡；王府井商圈消费聚合能力最强；三里屯商圈则代表了首都时尚中心和潮流之地。同时，朝阳区消费商圈较为集聚，在消费商圈排名前十中，有6家商圈位于朝阳，商圈特色鲜明，具备强劲的时尚消费潜力和市场辐射力。

首店经济引领时尚消费。首店经济是品牌价值与区位资源实现最优耦合的结果，也是时尚消费能力的集中展现。北京市不仅发挥“四个中心”功能建设的引领示范作用，而且丰富的科教文化资源和强劲的消费能力，成为品牌首店最为青睐城市之一。根据《2020年北京首店经济发展报告》，2020年有183家实体首店（含旗舰店）落户北京，并且多家国际品牌升级或新设实体旗舰店，标志着北京极具国际时尚消费城市的品牌影响力。从品牌属地来看，中国本土品牌128家，国际品牌55家，本土与国际品牌的比例为7∶3（图1–6），可以看出，全球时尚品牌逐步云集北京，北京市日益受到世界品牌的青睐，也成为我国首店经济发展的引领性城市。

（二）时尚智造领域

随着北京市产业结构向“高精尖”方向发展，北京传统的“时尚制造”向现代的“时尚智造”转变，时尚企业加快数字化转型，呈现出“时尚智造”与“智造时尚”双螺旋驱

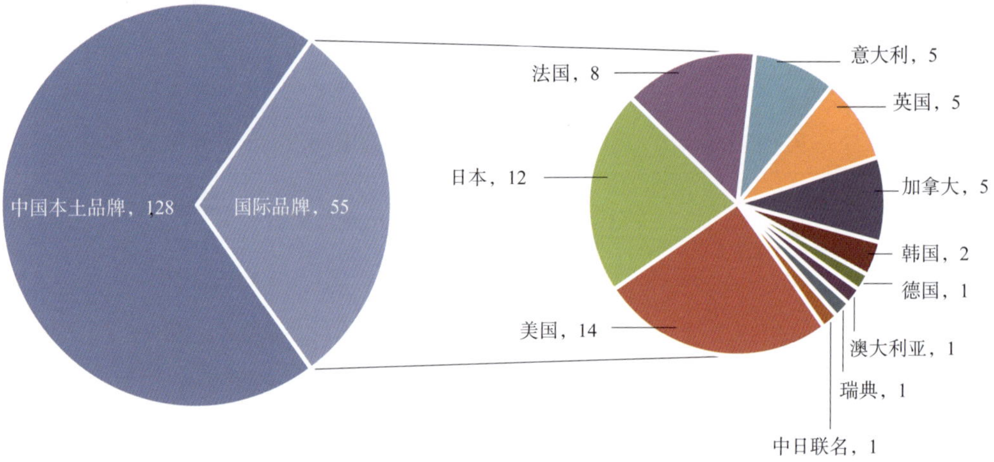

图 1-6　2020 年北京市落户首店品牌属地分析情况（单位：家）

数据来源：选址中国。

动的发展模式。

1. 时尚企业加快数字转型

数字技术的普及运用，给消费者带来了全新的消费场景和消费体验，时尚企业的数字化转型是必然趋势。企业通过智能化研发设计满足消费者个性化消费新需求。在对客户需求信息整合的基础上，通过个性化服务、数字技术创新、产品服务创新等途径，时尚产业供给侧结构性改革明显加快，不仅繁荣了全社会的现代消费需求，而且满足了人民群众美好生活的精神向往。例如，北京铜牛集团有限公司坚持“品牌为根，文化为魂”的企业价值观打造铜牛品牌，根据消费者需求开发出车载3D智能量体系统、3D搭配系统等一系列数字化应用终端，为时尚产业数字化赋能，增强消费者的时尚服务体验，促进企业自身融入数字化经济浪潮。

2. 数字技术赋能时尚营销

通过数字化营销策略抢占时尚市场，也是时尚与科技融合的重要趋势。受疫情影响，时尚产业线下销售额难免有所波动，企业通过数字化技术实现传统零售与新零售协同成为大势所趋。根据阿里巴巴数据，2020年淘宝直播GMV超过4000亿元人民币，电商经济尤其是直播“带货”模式成为新零售与时尚产业新的宠儿。

3. 时尚智造重塑时尚制造

工业互联网和数据驱动将引发时尚制造的颠覆性变革，智能工厂将实现时尚制造业的根本性转变，实现真正的自动化生产。与此同时，人工智能技术将融入时尚产业链的整个流程，智能设计将更准确地提供个性化定制服务。“时尚智造”与“智造时尚”双螺旋驱动，加快时尚变革的迭代速度，纤维材料、信息能源、生物半导体等领域的技术突破和交叉融合，将对时尚制造业的产业链和产业集群产生颠覆性影响。

（三）时尚传播领域

时尚源自创意，兴起于传播，时尚传播打通了时尚产业链的各个环节。以时尚传媒资源为基础，打造时尚传播平台，增强时尚品牌的影响力，是首都繁荣时尚经济的关键抓手。

1.时尚传媒资源奠定时尚传播基础

我国传媒行业整体实力逐步增长，作为时尚传播的重要渠道，以文化为基础，以传媒为手段，在互联网经济下，不断拓展我国时尚产业的影响力和传播力。北京市时尚传媒资源更为丰富，不仅有万达电影、中信出版等传统型文化传媒企业，而且也发展了得道APP、太合音乐、掌阅科技、华韵尚德等新兴科技型文化传媒企业。丰富的文化传媒资源为时尚传播发展和时尚城市建设提供了独特的优势。与此同时，北京市拥有北京服装学院、中央美术学院等全国优质的时尚教育资源，并且拥有中国国际贸易中心、中国国际时装周、中国国际服装服饰博览会等国家级、国际性服装展览展示平台，为北京时尚产业发展提供了充足的创新源动力和展示平台。

2.时尚特色园区推进时尚产业集聚

文化创意产业是北京市经济发展的支柱产业，文化创新产业园区也是文化产业与时尚经济发展的重要载体。随着政府政策的高度重视，时尚创意产业园区快速发展，园区集聚水平不断提升，逐步形成了751D·PARK北京时尚设计广场、中关村时尚产业创新园等一大批时尚产业集聚区或园区。例如，751D·PARK北京时尚设计广场以时尚设计为主题，吸引了一批中国十佳服装设计师工作室和知名时尚创意企业，每年各类创意活动百余场；中关村时尚产业创新园依托北京服装学院，设计师创新生态体系不断优化，时尚产业链全过程服务不断完善。

3.时尚品牌活动提升时尚影响力

对标巴黎、伦敦、米兰等国际时尚之都，北京时尚控股集团打造了系列时尚品牌活动，不仅是首都时尚产业发展的先行者，而且也是北京时尚品牌文化的传播者。2016年"北京时装周"在莱锦文化创意产业园首次开幕以来，2017年在北京太庙、2018年在故宫宝蕴楼、2019年在国家博物馆、2020年在凤凰中心等北京时尚文化地标成功举办"北京时装周"活动。受疫情防疫的影响，2020年北京时装周通过线下+云上会场联动形式，举办80余场官方活动，汇聚了200个品牌精彩亮相，成为北京时尚产业发展的重要展示平台和靓丽名片（图1-7）。与此同时，北京时装周的专业配套展会WEEK UP潮流展以设计带动时尚，以时尚联动消费，致力于打造以北京为中心辐射津冀及北方地区的新势力时尚交易服务平台。2020年，结合疫情防控形势开创了线上联动模式，邀请知名主播、北京电视台主持人等云逛展和云带货，品效合一助力品牌销售转化。北京时装周等系列时尚活动，

图 1-7　2020 北京时装周

图片来源：北京时装周官方网站。

不仅是北京时尚企业转型发展的关键之举，也是推动全国文化中心建设的重要之举，由此不断提升北京时尚的品牌价值和传播影响力。

（四）时尚文化领域

当前，文化产业已经仅次于金融业，成为北京市国民经济发展的第二大支柱产业。对于时尚产业，文化创意为时尚产业提供创新的源泉，时尚创意产业是城市流行时尚迭代的关键动力。

1. 设计产业彰显时尚影响力

依托首都科技人才资源优势，设计创意水平不断提升，2012年北京成功加入联合国教科文组织“创意城市网络”，成为“设计之都”，进一步促进了时尚经济发展。当前，北京市共有设计院校119所，不仅设计产业的竞争优势明显，而且也彰显出首都的设计创意水平。并且，北京市每年举办北京国际设计周、中国设计红星奖等系列活动，设计创意和时尚影响力逐步得到世界认可。2009年起，北京国际设计周已经成为国际性创意设计活动，2020年北京国际设计周以“民生之维”为主题，引导时尚创意设计与现代城市发展的深度融合，体现出首都时尚设计产业以人为本的根本目标。

2. 创意产业园区特色鲜明

当前，文化创意产业园区是我国文化产业快速发展的重要载体，园区经济也是文化创新产业可持续发展的重要保障。2020年，98家园区获得北京市级文化产业园区授牌，其中10家获得“市级文化产业园区”授牌，10家获得“市级文化产业示范园区”授牌，78家获得“市级文化产业示范园区”授牌，这不仅代表了北京市文化创意产业的发展水平，而且也凝聚着北京时尚文化的发展特色，北京文化创新产业总部经济的特征明显。从园区分布来看，东城区、西城区、朝阳区、海淀区四个中心城区占74家，占比为75.6%，其中位于朝阳区的园区数量最多有32家，朝阳区是当前北京市文化时尚产业发展的重要承载区。

3. 时尚+非遗重振传统文化

文化是永恒的，时尚是流行的，时尚与文化融合发展不仅为时尚创新提供动力，而且也增强传统文化影响力和城市软实力。当前，北京市文化内容创新不断提升，产品供给持续优化，电影《流浪地球》《周恩来回延安》、电视剧《最美青春》《大江大河》、图书《北上》《云中记》等10部作品入选第十五届精神文明建设“五个一工程”奖。由此可见，加快推进时尚与非遗的融合发展，以消费的方式推进非遗保护，不仅使中华优秀传统文化实现了创造性转化，而且时尚产品也更广泛地得到国际认可，推动了我国文化服务贸易和国际文化交流的快速发展。

（五）时尚休闲领域

“健康中国”建设是中国未来发展的重要主题。通过发展时尚体育休闲产业，不断提升全民身体素质，在全面推进健康中国建设过程中尤为重要。北京市在城市重大体育赛事、全民体育休闲公园和远效旅游景观等方面进行了较多的探索，并取得突出成绩。

1. 赛事体育和休闲体育齐头并进

北京市2008年成功举办奥运会以来，积极承办北京马拉松等多项国际重大赛事。2022年北京市将承办“第24届冬季奥林匹克运动会”，不仅再次向世界展示中国体育的发展成就，而且也将展示北京悠久的历史文化与现代的时尚活力。同时，北京市积极发展体育休闲产业，朝阳区的北京国际时尚运动中心、大兴区的时尚体育产业主题公园，都大力推动了全市时尚体育产业发展，提升了全民时尚休闲消费活力。

2. 夜间经济激发城市消费活力

夜间经济是指夜间进行的经济文化活动。北京市出台了系列政策措施，促进夜间经济发展，“夜京城”地标、商圈、生活圈极大地提升了城市夜间时尚消费，夜间时尚消费增长明显。根据《阿里巴巴夜经济报告2020》，2020年6月10日至7月10日期间，北京夜间线上消费在全天占比45%，夜间消费总金额全国排名第二，仅次于上海。与此同时，夜间经济拉动线下消费作用更为明显，北京市首批建设的前门和大栅栏、三里屯、国贸、五棵松4个“夜京城”地标，夜间经济消费新地标，既是首都市民夜间文化生活空间，也是外地市民来京旅游的时尚目的地。

3. 文化休闲打造城市新生活方式

当前，北京市休闲产业步入快速发展阶段，文化休闲和夜间经济共同助力都市商业圈发展，生活方式书店和时尚夜经济成为北京市都市休闲的热点。三联书店、库里克里、言几又等新一代生活方式书店，正在颠覆传统新华书店的模式，将书店、咖啡厅、餐厅的功能融为一体，是时尚新型的城市社交场所，也让阅读成为一种随处可及的生活方式，为北京市民文化休闲提供了新空间。

在建设国际消费中心城市背景下，北京市时尚消费水平，不仅与纽约、伦敦、东京、米兰、巴黎等世界消费中心城市存在一定差距，而且与上海、广州等国内消费中心城市相比也存在一定不足。主要表现在以下几点：

（1）北京时尚消费氛围发育不够，依据福布斯《中国大陆最佳商业城市排行榜》，广州已经连续五年蝉联榜首，上海与深圳排名在前，北京消费氛围与消费环境仍具有较大提升空间。

（2）时尚与科技融合不足。北京虽然拥有北京服装学院、中央美术学院等全国优秀的时尚教育资源，以及中关村科技创新资源，但是时尚与科技融合不足，时尚创新人才未能充分激活，时尚产业科技创新孵化水平不足，北京时尚品牌形象建设进展缓慢。

（3）时尚产业国际化程度有待提升，不仅要增强时尚设计的国际合作，更需要增强时尚品牌的国际合作与交流，提升本土品牌的国际影响力，加强国际时尚交流合作层次。

四、北京时尚产业面临的形势

虽然当前国际新冠肺炎疫情仍在蔓延，但我国疫情防控工作得当，使我国经济在全球率先复苏，2020年出口贸易更是出现逆势上扬。然而，与国际时尚城市相比，北京市时尚消费水平和品牌影响力尚存在一定差距，加快北京市时尚产业发展的机遇与挑战并存。

（一）城市定位汇聚时尚创意资源

北京市“四个中心”建设的城市定位有利于加速时尚资源集聚。“十四五”期间，北京市基本建成国际科技创新中心，为首都时尚消费的技术变革、业态变革和模式变革提供强大引擎，时尚与科技深度融合，北京城市吸引力明显提升，汇聚全球创新型人才。将于2025年初步建成国际影响力凸显的国际交往之都，这将驱动集聚全球优势资源，时尚经济也会是北京城市新名片，而增强服务业扩大开放的广度和深度，也有利于聚集国际高端要素资源和提升城市国际影响力。扎实推进全国文化中心建设，为时尚产业发展提供创意创新的素材资源，以文化为内生驱动力的时尚创意设计将是文化消费的最新指向。

（二）科技变革赋能时尚创新生态

新一轮科技革命与产业变革影响深远，时尚与科技融合发展趋势更为明显，科技变革不断赋能时尚创新生态。随着技术变革纵深推进，以高性能、多功能、柔性化为特征的新材料，不仅使时尚产品更为绚烂，而且赋予时尚产品多重功能；以5G、人工智能、工业互联网等新一代信息技术，推动时尚产业从设计到营销全产业链变革，时尚供应链提质增效，时尚产品价值不断延伸；以光导纤维、柔性LED、3D全息投影、智能穿戴等技术，让时尚体验无处不在，时尚想象空间无限延伸。作为国际科技创新中心，北京时尚产业发展不仅为新技术突破提供时尚展示平台，而且也将引导科技创新的社会需求变革，驱动时尚与科技双双突破原有界限，跨界融合更容易激发未来时尚潮流。

（三）消费升级重塑时尚产业格局

消费升级为北京市时尚产业发展注入强劲动力。随着全国消费升级，北京市时尚消费发展潜力巨大。根据统计局数据，2020年北京市实现社会消费品零售总额13716.4亿元，增长率降至−8.9%（图1−8），但是批发零售业、住宿餐饮业网上零售额为4423.3亿元，增长率上升至30.1%。北京市时尚消费升级过程，不仅伴随消费规模的扩大和消费结构的优化，更重要的是消费认知的迅速提升，消费需求向品质升级，消费层次向精神享乐升级，消费行为向个性化升级。与此同时，当前北京市国际消费中心城市建设加速了时尚产业发展，"十四五"规划相关文件也明确了建设国际消费中心城市的发展目标。未来北京要建设国际消费中心城市，必须以时尚创意提高传统消费活力，以时尚科技提振新兴消费魅力，以时尚文化增强国际消费吸引力，实现与国际时尚潮流的"零时差"。

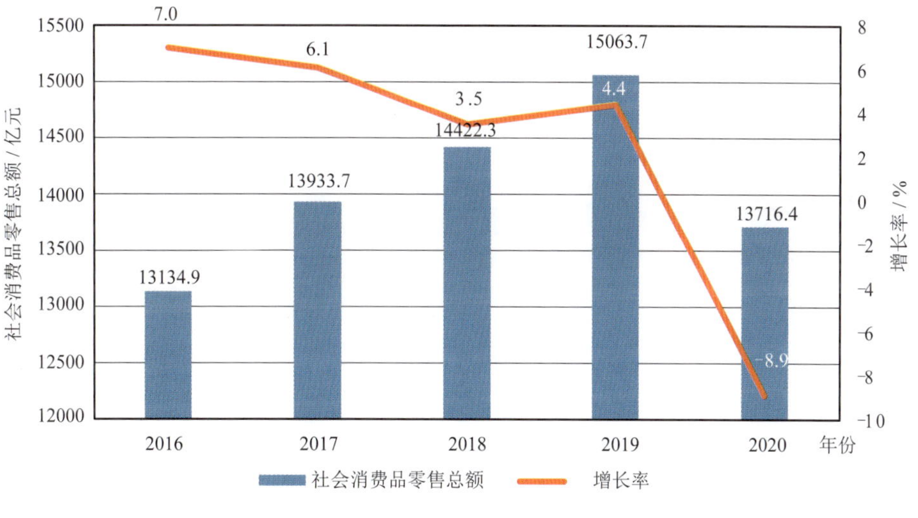

图 1−8　北京市社会消费品零售总额

资料来源：北京市统计年鉴、统计公报。

（四）绿色发展践行产业社会责任

实现绿色可持续发展将是全球产业发展的刚性要求。我国已经明确2030年前实现碳排放达峰、2060年前实现碳中和的"双碳目标"，未来环境规制将倒逼时尚产业绿色发展。作为首都，北京市要肩负着绿色发展的历史使命，并在全国时尚产业绿色发展过程中起到示范引领作用。北京时尚产业绿色发展要从源头做起，从创意设计过程中践行绿色发展，采用环保材料和可循环的生产工艺，肩负时尚产业发展的社会责任，依靠创新走可持续的时尚产业发展道路。

五、北京时尚产业发展展望

回顾往昔，我国时尚产业承载着人民美好生活的向往，展望未来首都时尚产业肩负着建设国际消费中心城市的历史使命。北京市“十四五”规划明确提出，以新时尚、新业态、新模式为引领，推动消费向体验化、品质化和数字化提档升级。北京市时尚产业急需重塑首都时尚消费个性、促进时尚与科技深度融合、提升时尚创意设计水平、增强时尚传播力和加快国际化步伐，才能有效引领当前多元化、个性化、定制化的时尚消费变革，切实支撑首都国际消费中心城市建设。

（一）塑造首都时尚消费个性

时尚个性是城市时尚产业发展的精髓和灵魂，蕴含着城市的文化与精神特征。对标巴黎、米兰、纽约等国际消费中心城市，北京时尚产业发展需要重塑首都时尚消费个性，充分挖掘北京特有的文化特色与消费气质，促进时尚与科技的深度融合，增强文化消费的渗透力。

引导个性化时尚消费理念，构建新时期北京时尚消费体系。一方面，要在品牌的提升与塑造、品牌活跃度的保持与提高、品牌的宣传与推广等方面持续发力，引导时尚消费。另一方面，要注重普通市民对时尚的参与度，使时尚消费渗透在大众生活的方方面面。通过加大时尚文化宣传、丰富市民时尚文化生活、增加时尚文化培训等途径，提升市民审美情趣和培养时尚消费理念。

（二）促进时尚与科技深度融合

促进时尚与科技深度融合，立足新一代信息技术的发展趋势，构建首都时尚消费的新场景，吸引科技型企业参与时尚消费场景建设，促进新消费业态落地。加强人工智能技术在时尚制造领域的应用，提高时尚制造的工业设计水平，加快完成智能机器人、可穿戴设备、电子消费品等时尚消费产品的突破与变革，增强消费电子产品的时尚特质。建设特种面料科技研发实验室、纺织服装机械设计研发中心等研发平台，推动时尚设计、产品展示与数字创意的融合发展。

建立文化科技示范园区，促进时尚设计与数字化时尚的融合发展，形成若干数据化时尚新业态。如支持郎园Station等时尚创意产业园区的发展，探索中国“时尚+科技”融合发展示范区。

（三）提升时尚创意设计水平

依托北京优秀的时尚教育资源，聚集国际时尚设计资源，加快培养一批具有国际化视角的高水平设计人才。加快时尚设计师创业孵化，为时尚设计人才创业提供工作空间、资本融资、市场开发等支持和服务。

鼓励社会机构建设孵化器、众创空间、在线设计交易服务平台等时尚创意设计公共服务平台。鼓励企业与院校加强合作，充分发挥各自的优势，打造高端产学研一体化的时尚研发平台，加快优秀时尚设计成果转移转化。

（四）增强时尚传播能力

充分利用新型互联网模式，借助直播经济、网红经济等传播平台，加强多平台融合传播与个性化自媒体的时尚传播，提升时尚传媒企业的运营能力，塑造一批专业化时尚媒体。依托北京服装学院，鼓励时尚设计师建立共享发展平台，支持举办时装周、定制周、品牌商品秀等时尚发布和展示活动，整合融通时尚传播产业链，扶持新型的时尚互联网平台。

强化知识产权保护，引入原创认证保护平台创客IP，提供时尚设计知识产权申请认证、信息检索、信用评估、保护交易的全链条服务，不断完善时尚设计类知识产权信用保证机制，鼓励时尚创意设计类的知识产权申请与保护。

（五）加快时尚国际化步伐

积极对接国际时尚教育资源，加强时尚教育国际合作交流，创新国际合作办学模式，探索建立国际时尚人才培养的长效运行机制，打造高层次、国际化时尚产业人才高地。积极连接国际时尚传播先锋资源，进一步拓宽时尚信息来源和信息量，充分阐释中国时尚理念，大力宣扬中国时尚文化，在全球时尚语境下释放中国价值。

搭建优质时尚国际交流平台，推动国际时尚资源和本土时尚文化的充分对接，打开本土原创设计面向国际的窗口，助力本土品牌走向国际。推动企业实施品牌国际化战略，加强国际市场分析和消费者研究，积极开拓国际市场，在产品、渠道、传播层面上不断升级，提高企业品牌国际知名度，加速融入全球时尚网络。

（贾荣林　北京服装学院
陈文晖　北京服装学院中国时尚研究院）

参考文献

[1] 田超杰. 时尚消费价值的维度分析与实证研究[J]. 现代管理科学，2013（6）：114-116.

[2] 李勇坚．北京应加快发展时尚产业[J]. 投资北京，2018（6）：27-29.

[3] 陈文晖．中国时尚产业发展蓝皮书（2018）[M]. 北京：经济管理出版社，2018.

[4] 赵洪珊，李晓慧．“世界城市”建设中北京时尚产业的发展策略[J]. 经营与管理，2014（6）：28-30.

[5] 姚栋．时尚产业的统计界定与统计分类[J]. 中国统计，2020（5）：39-40.

[6] 关冠军，贠天祥，张芳芳．北京时尚之都建设研究[M]. 北京：中国商务出版社，2018.

[7] 李建盛，王林生，陈红玉．北京文化发展报告（2019—2020）[M]. 北京：社会科学文献出版社，2020.

[8] 千龙网．世界银行《2020年营商环境报告》发布北京跨入全球前30名．

[9] 夏翊，刘登阁，于燕．提升城市品质将北京打造成时尚之都[J]. 前线，2018（5）：82-83.

[10] 王便芳．时尚消费中情感走向及营销对策[J]. 经济经纬，2006（5）：120-122.

[11] 纺织服装周刊．北京时尚控股五年转型发展取得新成就．

[12] 戴德梁行．北京市商圈活力研究报告，你家附近商圈表现如何？

[13] 选址中国．2020年：从全球品牌到本土原创，183家实体首店入驻北京．

[14] 艾媒网．2020年GMV超4000亿！淘宝直播平台发展现状及带货数据分析．

[15] 熊兴，陈文晖．对我国时尚传播产业发展的思考[J]. 艺术设计研究，2020（6）：5-9.

[16] 中经文化产业．2020北京市级文化产业园区出炉！

[17] 北京市国有文化资产管理中心，中国传媒大学文化产业管理学院．北京文化产业发展白皮书（2020）[R]. 2020.

[18] 丝绸与时尚文化研究中心．时尚文化 | 非遗+时尚，非遗保护新思路．

[19] 封面新闻．阿里发布《数字点亮夜经济报告（2020）》总结六大消费趋势．

[20] 中国社会科学院财经战略研究院．休闲绿皮书：2019～2020年中国休闲发展报告[M]. 社会科学文献出版社，2020.

[21] 新京报．北京休闲产业步入快速发展阶段．

第二篇

主题报告

第二章 时尚产业发展与北京国际消费中心城市建设研究

随着2018年我国投资增速持续回落、外部需求增速明显放缓，以及受中美贸易摩擦影响，持续释放内需潜力、推动消费稳定增长成为中央经济工作的重要抓手。2019年初，商务部提出，开展“国际消费中心城市”建设试点，并于2020年启动国际消费中心城市建设试点申报工作。在此背景下，各地国际消费中心城市建设的热情高涨，多个城市陆续出台建设方案或行动计划。2021年4月，北京市政府提出要率先建设成为具有全球影响力的国际消费中心城市。纵观纽约、伦敦、东京等国际消费中心城市，无不具有较高的时尚引领程度和能力，离不开时尚产业的支撑和赋能。北京市要率先建成国际消费中心城市，就需要促进时尚产业发展，从而提升城市时尚消费的影响力和辐射力。

一、发展时尚产业对建设北京国际消费中心城市的重大意义

（一）北京建设国际消费中心城市背景

自国际大环境改变以来，我国面临很多复杂严峻的问题，并且是中长期的问题，经济形势不稳定性、不确定性较大，因此，需要加快形成以国内大循环为主体、国内国际双循环相互促进的新发展格局。为了增强经济发展的确定性，在继续加大开放、促进出口的同时，要做强、做大国内消费市场。培育国际消费中心城市，是我国在新形势下作出的重大战略部署。早在“十三五”规划纲中国家就已经提出了“培育发展国际消费中心”的概念。2019年10月，商务部等14部门联合提出相关意见以指导推进具有国际水准和全球影响力的消费中心城市建设，指出“利用五年左右时间，指导基础条件好、消费潜力大、国际化水平较高、地方意愿强的城市开展培育建设，基本形成若干立足国内、辐射周边、面向世界的具有全球影响力、吸引力的综合性国际消费中心城市，带动形成一批专业化、特色化、区域性国际消费中心城市”。2021年7月，商务部公布了首批试点城市名单，经过批准，在上海市、北京市、广州市、天津市、重庆市率先开展国际消费中心城市培育建设。除了这五大试点城市，其他城市也积极响应、热情跟进。目前，全国已有二十余个城市明确提出要在“十四五”期间或2035年之前建成国际消费中心城市。

北京紧抓以供给侧结构性改革创造新需求，采取了一系列措施加快国际消费中心城市建设，包括大力发展首店经济和买手店，推进传统商圈改造升级“一店一策”改造传统百

货，设立新消费品牌孵化试点基地探索孵化本土新品牌，打造“北京消费季·国潮京品节”“前门国潮京品节”等活动，掀起“国潮京造”新潮流，鼓励老字号与时代接轨打造“不老传说”，鼓励打造沉浸式体验空间，启动智能消费节和信息消费节推动“智享生活”，鼓励大型连锁超市发展仓储式会员店等模式。2021年5月，北京提出系统地推动实施包括消费新地标打造行动、消费品牌矩阵培育行动、数字消费创新引领行动、文旅消费潜力释放行动、体育消费质量提升行动、教育医疗消费能级提升行动、会展消费扩容提质行动、现代流通体系优化升级行动、消费环境新高地创建行动、消费促进机制协同保障行动在内的“十大专项行动”，培育建设具有北京特色和全球影响力的国际消费中心城市。

（二）国际消费中心城市的内涵与特征

国际消费中心是全球化时代国际大都市重要的核心功能，国际消费中心城市具有全球一流的消费商品、消费服务、消费场景和消费环境，是吸引全球消费者的高度发达和繁荣的消费市场，具有超强的链接、汇聚和配置全球消费资源的能力，是全球消费资源的配置中心，能够引领全球消费潮流和趋势，是引领全球消费发展的创新高地。从全球范围来看，国际消费中心城市具有如下共性特征：

1.综合实力强，消费潜力大

具备雄厚的综合实力和庞大的消费市场是国际消费中心城市的首要条件。国际消费中心城市都是在全球化经济中具有较高位置及融入度的城市，其消费潜力来自较高的经济发展水平、庞大的本地消费群体及对外来游客尤其是境外游客的强大吸引力。

2.全球购物天堂，消费吸力强

彰显国际时尚和城市文化的标志性商圈吸引着全球的消费者前来购物，例如，巴黎香榭丽舍大街、伦敦牛津街、纽约第五大道、东京银座、新加坡乌节路和香港铜锣湾商业街等。国际消费中心城市是国际知名消费品牌云集之地，有相当数量的国际顶级品牌及品牌旗舰店，尤其受到奢侈品牌的青睐。

3.支撑体系完善，服务体系发达

国际消费中心城市拥有发达完善的交通、信息和物流体系，为配置全球消费资源提供基础支撑，以便将全球范围内的消费市场和供给市场紧密连接起来。国际消费中心城市的商业、旅游、文化、体育等诸多行业联动发展，形成多元的现代服务业体系，从而实现消费的规模效应和整体优势。

4.文化气息浓厚，创新能力强

国际消费中心城市具有深厚的文化积淀和独特的文化氛围，集聚着艺术院校、交响乐团、歌剧团，坐拥着众多的剧院、博物馆、美术馆，有著名的电影节、时装周、体育赛事以及热闹的首映、首发和街头表演等，是文化艺术的全球输出之地。国际消费中心城市是引领新的消费潮流、消费方式的地方，具有突出的消费创新和引领能力，著名的国际消费中心城市，如巴黎、纽约、东京、米兰等，大多也是“时尚之都”。

（三）时尚产业在国际消费中心城市建设中的重要作用

1. 时尚产业在国际消费中心城市建设中发挥消费引领作用

纵观巴黎、纽约、东京、米兰等国际消费中心城市，时尚产业在其发展过程中起着十分重要的作用，不仅促进了城市经济的发展，还推动了城市时尚个性的形成，大幅提升了城市的吸引力，这些时尚都市无不是世界级的旅游文化中心。随着全球化的进程，这些时尚之都从时尚制造中心升级为时尚设计中心、信息中心、营销中心、商贸中心、展示中心和研发中心，引领着全球时尚潮流，是全球时尚产业的风向标。时尚消费不仅在城市消费中占据重要比重，而且是吸引国际消费者的核心因素。发展时尚产业有利于北京市提升国际消费吸引力和引领度，是北京市高水平建设国际消费中心的需要。

2. 时尚产业在国际消费中心城市建设中发挥传播推广作用

时装周、设计周、品牌发布会等丰富的时尚活动，为国际消费中心城市的发展注入强劲活力，形成强大的消费带动力、影响力和传播力。时尚传播不仅有效烘托了城市时尚文化氛围，同时激发了时尚消费活力，聚集了产业发展资源。米兰、巴黎、纽约等国际著名时装周云集着世界著名时装品牌、时尚界顶尖人物、专业买手以及世界各地专业媒体，吸引了大批时尚趋势跟随者和国际游客，不仅刺激了大规模的时尚消费，而且带来了世界性的传播效应，形成城市的全球影响力和吸引力。

3. 时尚产业在国际消费中心城市建设中发挥着文化影响作用

时尚产业具有国际化程度高、文化影响力大的特征，有利于北京市集聚更多国际优质时尚要素资源，提升文化创新能力和文化服务能力。时尚产业作为高创意、高文化属性的新型业态，不仅是设计与创意的表达、设计理念与生活方式的传播，更是文化理念和民族精神的传达。时尚产业“走出去”，是在世界时尚舞台展现中华精神和民族文化的重要途径，发展时尚产业是提升北京文化影响力和吸引力的重要支撑。

二、北京时尚产业发展概况

（一）发展基础

1. 经济实力雄厚，时尚消费发展迅速

强大的综合实力为北京市打造时尚都市、发展时尚消费提供了有力支撑。在全球著名的城市评级机构的测评中，北京市是全球一线城市，具有极强的城市竞争力，在2019年毕马威《全球科技创新中心报告》中位列全球第二；在2020年GaWC《世界城市排名》中位列全球第六（Alpha+级别）；在2020年科尼尔《全球城市综合排名》中位列全球第五；在2020年GPCI《全球城市实力指数报告》经济维度中位列全球第三；在2021年《全

球金融中心指数（GFCI）报告》中位列全球第六。北京市拥有的世界500强企业总部数量连续7年位居世界榜首，是全球“独角兽”最密集的城市之一，“独角兽”企业占全国40%以上，聚集了全国80%天使投资人和1/3股权投资机构。

2020年，全市实现人均GDP2.4万美元，人均可支配收入69434元，市场总消费额2.53万亿元（图2-1），消费对经济增长的贡献超过六成，消费者个性化、特色化、时尚化的消费需求快速发展。强大的综合实力和巨大的消费潜力，让北京成为备受品牌首店青睐的城市，2019年，北京市共有878家首店开业，其中，全球首店12家、亚太首店9家、中国首店201家（图2-2）。2020年，北京SKP单店销售额、每平方米销售产出均为全球第一，首次问鼎全球“店王”。

2. 文化底蕴深厚，创新能力强

北京市是著名古都和历史文化名城，是传统文化与现代文明交融与共的国际化大都

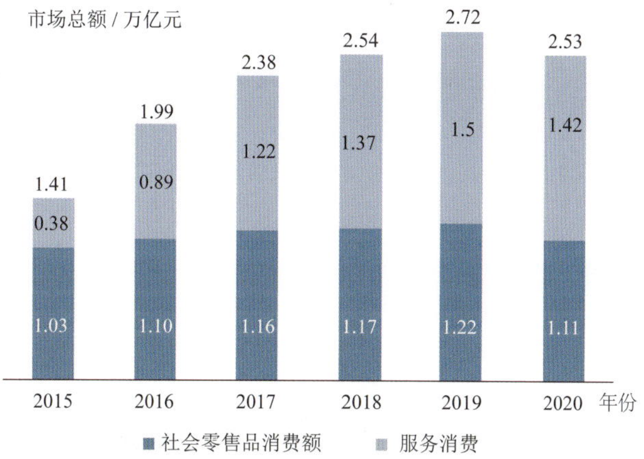

图 2-1　2015—2020 年北京市场消费结构

数据来源：北京市商务局《2020北京市服务业发展评价报告》，北京市统计局。

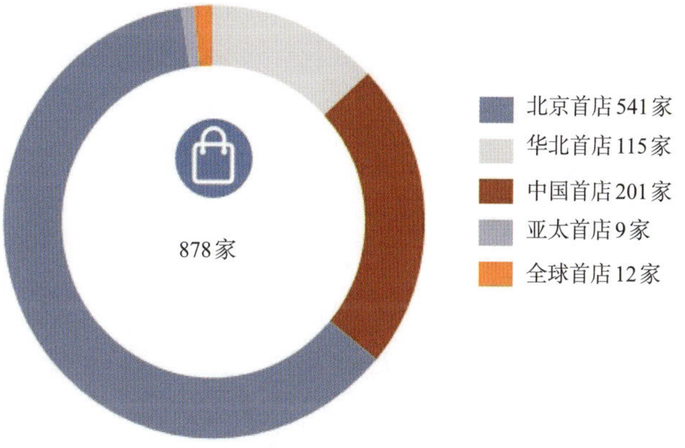

图 2-2　2019 年北京首店经济结构分析

数据来源：普华永道整理。

市。既有千年文化沉淀的见证——故宫、颐和园、天坛、历代帝王庙、明十三陵、国子监等大量宫殿、园林、庙坛和陵寝等皇家建筑，又有现代文明的辉煌代表——国家体育场（鸟巢）、国家游泳中心（水立方）、建外SOHO、中央电视台总部大楼、国家大剧院等极具特色的标志性建筑，还有特色鲜明的京味儿文化——被视为中国国粹的京剧、青砖灰瓦的胡同和四合院、几近消失的老北京七十二行等。厚重的文化底蕴成为时尚创意滋生的土壤。身处北京，在历史与现代、传承与包容、东方与西方的交融与碰撞中，更容易摩擦出灵感的火花，激荡出设计的灵魂。这成为北京吸引时尚创意人才的关键因素，也是北京发展时尚产业的核心优势。

北京市作为全球十大科技创新中心和“设计之都”拥有丰富的时尚创新资源。北京市聚集着北京服装学院、中央美术学院、清华大学美术学院、中国传媒大学等高校资源，北京服装学院、清华大学分别位列*CEOWORLD* 2020年全球最佳时尚学院排名榜第49名和第77名，每年培养大量时尚产业所需的设计、研发、传播等方面的专业人才。北京服装学院在2008年奥林匹克运动会、中华人民共和国成立70周年庆典大会、2019年武汉世界军人运动会、2014年亚洲运动会、“2014 APEC（亚太经济合作组织）会议”领导人服装等一系列国家重大活动中体现了北京市强大的服装服饰设计创新能力（图2-3），向全世界展现了中华民族独特的服饰文化魅力。北京分布着中关村时尚产业创新园、

图2-3　北京服装学院国家重大活动服装设计

751D·PARK北京时尚设计广场、798艺术区等一批时尚创意产业园区，拥有大量的中小企业孵化器、文创金融服务网络平台、文创企业股权转让等服务平台。铜牛、爱慕、依文、红都、白领等品牌企业与高等学校合作建立的研发中心取得了一批国际、国内领先的研究成果。

3.产业初具规模，时尚发展力强

（1）北京市时尚品牌集聚。《2019北京国际品牌发展报告》显示，目前北京市场一线奢侈品牌增长最快，潮牌设计师品牌尤其受到年轻消费者的青睐。一线国际品牌集中在市中心国贸CBD、三里屯太古里、侨福芳草地等多元化、体验感强的商场布局。北京市本土品牌发展迅速，爱慕、白领、格雷、赛斯特、铜牛、朗姿、李宁、依文、际华9家北京企业入选工信部“重点跟踪培育纺织服装品牌企业名单”，李宁、雪莲、天坛、雷蒙、水孩儿品牌入选世界品牌实验室（World Brand Lab）2020年《中国500最具价值品牌》。北京聚集一批著名的设计师品牌，如马羚的马羚时装、郭培的玫瑰坊、马艳丽的Maryma、谢锋（Frankie Xie）的JEFEN吉芬、刘宣佐的XUAN PRIVE、郭瑞萍的度兮DUXI、邹游的YOUZ悠之、张弛的CHI ZHANG、刘清扬的Chictopia、叶谦的YE’S、楚艳的楚和听香、李坤的ALICIA LEE、高扬的SIMONGAO、孙小峰的SEAN BY SEAN等，这些品牌在时尚界备受追捧，众多明星和时尚达人是其忠实的支持者。

（2）北京市时尚活动丰富。中国国际时装周、北京设计周、北京时装周等时尚品牌活动和北京国际电影节、中国国际青年设计师时装作品大赛等国际节庆赛事活动成为城市时尚形象的名片。创办于1997年的中国国际时装周是中国最早的时装周，截至2020年，已有来自近30个国家和地区的830余位设计师、810余家品牌和机构举办了1636场发布会，是中国最具代表性的时装周之一，代表了中国时尚最高水平的话语权。创办于2016年的北京时装周连年来在太庙、王府井、水立方、故宫、凤凰中心、中华世纪坛、国家博物馆等首都文化与时尚地标举行盛大的时尚活动，向国际时尚界展现时尚北京和首都文化的华彩篇章。

（二）存在问题

1.时尚国际化程度有待提升

相较国际知名时尚之都而言，北京市有国际影响力的时尚商圈相对不足，虽然全市16区分布着CBD、王府井、三里屯、大栅栏、金融街、亚奥、双井、朝外、望京等大大小小52个商圈，但国际知名度不高，对国内游客尤其是国际游客的吸引力有限。国际高端时尚资源集聚程度不够，知名时尚设计大师、时尚引领者、国际买手、时尚企业管理及营销人员等方面的人才较为缺乏。时尚产业的国际传播和营销系统不够完善，有国际影响力的时尚展示平台和国际时尚交流活动不足。免税店难以发挥有效吸纳国外消费者的作用，免税店的规模有待进一步扩大，免税政策有待进一步优化。

2. 产业综合配套能力有待加强

由于城市定位的原因，时尚制造业在北京的生存空间受到挤压，纺织服装、服饰业的材料、打板和制造等产业链环节被打散，在一定程度上增加了相关企业的制造和物流成本，使得全行业加工制造配套能力有所下降。京津冀的产业配套能力不足，导致部分创意设计类企业研发设计的时尚产品的样品还需要到珠三角地区寻找代工厂商，严重影响了产品的研发生产进度。

3. 城市时尚文化氛围有待培育

与世界五大时尚之都，尤其是巴黎相比较，北京在时尚文化氛围方面存在明显的差距。同样是国际消费中心试点城市的上海，在时尚文化氛围上也比北京具有先天优势。一个城市的时尚感，在很大程度上是由生活在城市中的人来决定的，而生活在北京的人们对时尚的理解想要与国际接轨，最需要改变的是人们的时尚观念。时尚感的培养需要提高全民的审美意识和生活品位，这不是一时可以有所改观的。

三、国际消费中心城市建设背景下北京时尚产业的思路和发展战略

（一）总体思路

"双循环"发展格局下，我国自身内需市场规模将不断扩大，也将日益成为全球资本、资讯、优质产品的集聚地，促进"买全球"和"卖全球"发展。后疫情时代，时尚产业发展理念、发展方式、消费模式等发生重大变化，带来行业发展的不确定性，但是中国仍是全球时尚行业最重要的市场，与此同时，中国品牌"出海"常态化。北京市强化"两区"建设、国际科创中心建设、数字经济、以供给侧结构性改革引领和创造新需求、京津冀协同发展"五子"联动，探索服务和融入新发展格局。加快发展时尚产业为国际消费中心城市建设提供有效路径，是落好"以供给侧结构性改革引领和创造新需求"一子的有力支撑。北京市的时尚产业发展要坚持创新驱动，强化融合发展，加快联动发展，迈开国际化步伐，着力提升时尚产业设计创新能力，着力推进时尚产业业态创新，着力推进京津冀时尚产业链要素的集聚和合理配置，着力提升时尚产业国际影响力，努力打造国际时尚之都的中国样板。

（二）发展战略

1. 打造全球时尚 IP 策源地

（1）搭建时尚发布展示平台。通过时尚品牌大秀、时尚发布、时尚论坛等活动，搭建具有国际影响力的时尚发布平台。鼓励纺织服装和设计师行业组织、特色服装产业集聚发展，支持专业市场和企业举办时装周、定制周、品牌商品秀等时尚发布和展示活动，探索

整合相关资源，打造在国内外有影响力的时尚展示平台。扶持一批新型的时尚互联网平台。引导北京时尚品牌、北京设计作品“走出去”，提升北京的国际时尚影响力和话语权。

（2）打造时尚产业品牌IP。鼓励时尚品牌加强个性化定位策略，打造集“吃、住、行、游、购、娱”各环节的时尚文旅体验和消费场景，借直播电商等新型互联网模式，加强品牌多平台和自媒体个性化宣传，打造一批时尚产业品牌IP。

（3）引导线上线下“超级流量”。激活网红时尚打卡地品牌价值，带动时尚文旅消费各环节24小时有机衔接。注重社交效应、时尚体验，打造精神消费的“第三空间”。从视觉层次、社交性、感官参与度等方面打开流量之门。突出夜间经济“时尚点亮北京”，实现全域全时全业全覆盖。鼓励老字号开展跨界合作，研发联名系列、文创系列、伴手礼系列等。支持老字号对接买手平台和品牌营销企业，创新营销模式。

（4）强化知识产权保护。建立健全知识产权信用保证机制，鼓励时尚创意设计知识产权权利申请。完善时尚创意设计领域知识产权申请代理、信息检索、资产评估、法律服务等服务链。建设版权运营交易中心，培育头部文化企业，构建充满活力的现代文化产业体系和文化市场体系。充分利用宣传平台、业务平台、维权平台、孵化平台等四大平台，提高北京时尚企业的知识产权维权意识和技能，对企业进行业务指导，解决实际问题，充分激发企业创新创业的热情。建立完善以法律法规、行政手段、技术和标准相结合的时尚创意知识产权保护体系，建立时尚品牌保护目录。

2.集聚和引领国际时尚消费

（1）打造国际品牌时尚消费集聚区。按照“商业+品牌+时尚”的定位，围绕首店经济、夜间经济、商业特色、潮流场景、丰富业态等多角度，形成国际品牌消费集聚中心区。繁荣首店首发经济，在地标性建筑或人气商场设立“新品首发地”，开设新品发布平台、首店、旗舰店。鼓励网红餐饮、文体娱乐、科技场馆等消费品牌在特色商业街区、文化园区等开设旗舰店、体验中心，催生更多新业态新模式。依托文化消费街区，吸引更多原创设计品牌进驻，支持开发具有“中国元素”、彰显“北京特色”的城市定制商品。

（2）打造都市休闲时尚消费集聚区。按照“年轻+时尚+不夜城”的定位，打造都市休闲时尚消费集聚区，植入时尚展示、时尚体验、时尚休闲等多种消费业态，加快发展深夜食堂、夜间演艺、咖啡吧、24小时书店等夜经济。加快建设艺术品展览馆、美术馆、博物馆、文化艺术中心等新型时尚文化空间。在时尚展示方面，举办各类时尚艺术展览和国际比赛，利用开放空间举办室外展演。在时尚体验方面，打造原创设计体验馆，建设文创商场，艺术家工作坊，鼓励时尚消费体验，开设大师艺术手作课程，保留现有的商圈建筑风貌特色。在时尚休闲方面配套时尚零售业态，特色主题餐厅和电影院，发展沉浸式演出、装置艺术展览，集AR、人工智能、虚拟视觉、人机互动、新媒体技术于一身的光影艺术，打造特色灯光艺术秀，提升夜间活动的活力，以大师/知名团队作品引进为主，同时注重小众创意类文艺表演形式的引入。

（3）打造时尚体育消费聚集区。按照“健身+教育+沉浸体验”的定位，以体育场馆、体育综合体、体育商圈、体育公园、体育乐园为依托，加快发展时尚体育消费。举办以时尚体育运动为主题的赛事活动，打造体育旅游精品项目，促进时尚运动与旅游、文化、教育融合发展，拓展体育消费新模式。以2021北京冬奥会为契机，打造北京冰雪消费品牌，做好冰雪场所的优质服务、特色项目和品牌活动。

（4）优化时尚消费供给。鼓励利用闲置工业厂区等场所建设文化时尚中心、消费体验中心等新型载体。线上线下多渠道宣传全市时尚消费打卡地，支持餐饮、特色小店、商场、老字号等打造沉浸式、体验式消费场景。通过地标性商圈建设，进一步激发区域商圈发展活力，拓展社群营销、直播卖货、云逛街等消费新模式。同时创新便捷宜居的社区服务圈，以商圈升级带动全市消费升级。

（5）提升国际时尚消费便利度。扩大信息消费，支持一批“互联网+”新业态发展。完善发展时尚消费的新型基础设施，便利进口商品消费，高水平打造跨境电商示范体验店，增强国际消费服务能力。优化线上线下协同互动的消费生态，推进普惠性“上云用数赋智”服务，培育高效便捷的消费新生态。顺应年轻消费群体个性化、社交化、娱乐化消费特点，推进传统商圈改造升级，建设高水准国际购物小镇。支持跨境电商向市中心延伸，促进境外消费回流，增加离境退税商店数量，吸引境外游客消费支持跨境电商保税仓、体验店等项目建设。拓展免税店服务功能，增强国际消费服务能力。进一步扩大开展跨境电商“网购保税+线下自提”业务的企业范围。

3. 打造国际时尚教育和时尚文化交流中心

（1）开展产学研合作。办好北京服装学院，依托产业优势，整合全球领先时尚教育资源，培养一批具有宽广的国际视野、具备跨文化思维能力的优秀时尚类人才。加快时尚产业领域领军和拔尖创新人才的引进和培养。积极引进国内外顶级创意设计大师和青年创意人才。加强与国际一流高校交流合作，主动对接米兰理工大学、伦敦艺术大学、美国帕森斯设计学院等世界知名时尚类高校，开展联合办学、交流访学等活动。建设时尚研发平台、时尚科技联盟，共建行业资源平台，共享产业数据研究。搭建人才对接平台，优化人才创新创业环境，建设特种面料科技研发实验室、纺织服装机械设计研发中心、人体工学研究所等研发平台。在时尚文化交流、时尚趋势研究、学术活动交流、知名品牌建设等领域开展校企合作，合力推动北京市时尚产业融合发展，以实现“1+1>2”的效果。

（2）对标国际一流，深化文化交流活动。加强与香港、澳门以及米兰、巴黎、纽约、伦敦、东京等国际时尚策源地的交流合作与资源对接。支持具有比较优势的企业，积极参与国际知名时尚展览展示与走秀活动，在国际知名时尚城市核心商业街区开设自主品牌产品销售专柜，扩大国有品牌的国际知名度和影响力。

（3）提升节事活动吸引力。承办和培育一批具有全球影响力的国际会议、国际会展、国际文化旅游活动，持续办好北京国际电影节、北京国际音乐节等品牌活动。吸引国际时尚资源向北京汇集的大赛、展览和论坛等各类重大活动。

4. 促进“时尚+科技”融合发展

（1）促进产业融合对接。实施数字化战略，推动时尚与工业、互联网、信息技术等融合发展，培育发展新型时尚企业，建设时尚科技融合示范基地，打造时尚+产业集群，支撑新兴消费需求。推动时尚创意设计与工业设计对接，在智能机器人、可穿戴设备、电子消费品、汽车等产品的设计领域加快融合。推动时尚设计、展示与数字创意对接，特别是与虚拟现实（VR）、增强现实（AR）、交互娱乐、电子商务等领域的融合发展。推动纺织服装、美妆日化、箱包皮具、珠宝首饰等特色行业工业互联网平台建设，打通订单、设计、生产、物流、金融等产业链各环节，加快产业集群数字化转型，向规模化个性定制生产方式发展。探索以互联网为平台，搭建一批时尚设计数据库，建设时尚众创在线平台，提供在线设计工具、信息共享和时尚设计项目众筹、众包等服务。

（2）打造数字时尚生态圈。加强培育数字创意、网络新视听等新兴业态，打造时尚产业与数字文化产业相结合的文化科技示范园区。支持宋庄文化创意产业园、郎园Station等园区打造网红直播产业基地。支持通过互联网、大数据、物联网、人工智能等技术应用加快时尚商贸企业转型升级。支持企业运用大数据技术分析顾客消费行为，开展精准服务和定制服务，灵活运用网络平台、移动终端、社交媒体与顾客互动，建立及时、高效的时尚消费需求反馈机制，做精、做深体验消费。

四、时尚产业发展促进国际消费中心城市建设的对策建议

（一）加强政策引导与支持，以时尚产业高质量发展促进国际消费中心城市建设

1. 加强政策引导

在充分释放存量政策效应的基础上，加快出台时尚产业发展规划、促进时尚产业发展的指导意见等专项政策文件，设立时尚产业发展投资和扶持专项资金，加强政策支持及财政扶持力度。

2. 推进体制机制创新

建立健全时尚产业发展的推进机制和保障机制。建立一套科学、规范、有效的时尚产业统计指标体系，完善时尚产业的监测调查制度，准确把握产业发展现状，为产业的评估和宏观决策提供有效依据。加强对时尚产业原创设计、品牌商标、专利技术等知识产权的行政保护力度。构建与北京市时尚产业发展相适应的人才培养、引进与管理机制，完善时尚人才评价与发现机制。

（二）建设和完善时尚产业发展平台，集聚国际消费中心城市的时尚要素资源

建立时尚资源平台，强化时尚资源要素的挖掘和共享。充分重视时尚资源的保护性开发，在开放、共享的理念下，开发和维护时尚产业要素资源，使资源要素效益最大化。

建立时尚产业支撑平台，夯实产业发展基础。打造多维度的时尚营销平台，培育、扶持时尚媒体平台，建立时尚交易所，建立时尚产业投融资平台等，完善时尚产业支撑体系。

（三）塑造北京时尚个性，培育国际消费中心城市的时尚消费理念

时尚个性是城市时尚产业发展的精髓和灵魂，蕴含着城市的文化与精神特征，体现着城市居民的文化素养和审美情趣。对标巴黎、米兰、纽约等国际时尚产业发展先锋，北京时尚产业发展需要形成具有自身文化特色的、个性鲜明的风格。时尚产业的跃升和时尚个性的塑造，要充分挖掘传统文化内涵，注重高端科技引领，促进多元审美融合，加强时尚文化的渗透。

加快建立北京时尚消费促进体系，培养时尚消费理念。北京时尚产业，一方面，要在品牌的提升与塑造、品牌活跃度的保持与提高、品牌的宣传与推广等方面持续发力，引导时尚消费。另一方面，要注重普通市民对时尚的参与度，使时尚消费渗透在大众生活的方方面面。同时，通过加大时尚文化宣传、丰富市民时尚文化生活、增加时尚文化培训等途径，提升市民审美情趣和培养时尚消费理念。

（四）紧抓品牌建设和国际时尚文化交流中心建设，提升国际消费中心城市的时尚话语权

拥有知名本土品牌是支撑国际时尚话语权的最主要因素。北京时尚产业要加快从产品经济向品牌经济转型，以文化创新、科技创新为引领，在品牌培育、名牌创建方面更近一层。时尚企业要注重品牌战略，营造品牌文化，推进理念创新，加强创意设计和商业模式创新，提升品牌价值和影响力。

北京时尚话语权的确立，需要标新立异、引领风尚，成为时尚风气的策源地。继续增强各类时尚活动在扩大时尚贸易交流中的重要作用，通过举办丰富的、国际性的时装周、设计周、专业博览会、时尚赛事、设计大赛、电影节等时尚节庆、展览及文化交流活动，打造国际时尚文化交流中心。引导国际、国内知名时尚品牌来京举办各类时尚发布会；建立时尚预测、时尚评论机构，周期性发布流行趋势的权威预测，打造时尚信息发布中心，引导国际时尚业的发展潮流。

（王婧倩　北京服装学院中国时尚研究院
单丽曼　北京信息科技大学经济管理学院）

参考文献

[1] 马婧. 培育建设国际消费中心城市，北京将实施十大专项行动[N]. 北京日报客户端，2021-05-31.

[2] 刘涛，王微. 国际消费中心形成和发展的经验启示[J]. 财经智库，2017（4）：100-109.

[3] 魏颖. 新时代我国国际消费中心城市建设思考[J]. 产业创新研究，2020（1）：14-19.

[4] 汪婧. 国际消费中心城市：内涵和形成机制[J]. 财经论坛，2019（5）：17-23.

[5] 贺瑛. 上海建设“四大品牌”重点问题与对策[J]. 科学发展，2019（3）：16-24.

[6] 北京市商务局. 2020北京市服务业发展环境评价报告[R]. 北京，2020.

[7] 周星，贾荣林. 新文科建设：创设时尚和艺术“艺工融合”的优势[J]. 艺术设计研究，2021（1）：119-126.

[8] 陈文晖，熊兴. 关于北京打造国际时尚之都的思考[J]中国纺织，2018（6）：122-124.

[9] 中国经济信息社. 2020年全球时尚产业指数·时装周活力指数报告[R]. 上海，2020.

[10] 张阿朵，任茜，赵洪珊. 建设时尚之都，打造北京“软实力”[J]现代商业，2016（5）：51.

[11] 陈文晖，王婧倩，熊兴. 促进北京纺织服装时尚产业发展的策略[J]纺织导报，2018（9）：29-30，32.

第三篇

专题研究篇

第三章　国际消费中心城市时尚产业发展经验及启示

从2004年提出建设“时装之都”以来，北京市开始关注和重视以服装服饰为代表的时尚产业发展。随着2009年提出建设世界城市，2012年作为“设计之都”加入联合国全球创意城市网络，全市时尚设计水平日益提升，时尚产业规模不断扩大，时尚城市国际影响力有效增强。2021年7月，国家商务部公布了首批试点城市，在上海市、北京市、广州市、天津市、重庆市，率先开展国际消费中心城市培育建设，这也赋予了北京时尚产业发展新内涵、新使命。在此背景下，明晰国际消费中心城市的内涵与特征，研究国际消费中心城市与时尚产业发展的相互关系，总结凝练典型国际消费中心城市时尚产业发展经验，这对新时期北京推动时尚产业高质量发展、打造国际消费中心城市具有一定的启示作用。

一、国际消费中心城市的研究综述

2018年9月，国家出台相关政策，明确提出建设若干国际消费中心城市。在此背景下，国内许多地方政府纷纷将建设国际消费中心城市作为城市发展新战略。但是，什么是国际消费中心城市，它如何形成，需要具备哪些条件，值得在理论和实践层面做一些深入探讨。

（一）关于国际消费中心城市的内涵

消费是城市的基本功能之一，但一座城市如何称得上是消费城市，特别是国际消费中心城市，国内外并没有一个统一界定标准。

美国城市经济学家哈佛大学教授Edward L. Glaeser（2001）最早提出“消费城市”概念，他认为一个消费型城市要能提供丰富的商品和服务，并且拥有舒适的环境和富有美感的建筑，成为商品和服务的消费中心，大都市发展会越来越依赖作为消费中心的城市功能。芝加哥大学社会学教授Terry Clark（2011）则认为随着城市产业结构的不断升级，消费对城市发展的重要性已经超越生产，城市本身也已经成为一个整体消费品。

汪婧（2019）认为消费城市中的消费应包括有形的物质消费，也包括无形的精神消费；既包括私人物品的消费，也包括政府提供的教育、医疗等公共物品的消费。而且在进一步分析“国际”“消费”“中心”三个关键词基础上，她提出国际消费中心城市应是顺应全球化发展趋势，具有较强的全球消费资源配置能力和消费创新引领能力，能有效满足本土及境外居民各类消费需求，并推动以人力资本和知识资本为核心投入的生产性服务业发展，从而持续激发城市创新活力。

刘涛、王微（2017）提出“国际消费中心是全球化时代国际大都市重要的核心功能，是具有丰富的消费内容、高端的消费品牌、多样化的消费方式、优越的消费环境，能够吸引全球消费者的高度繁荣的消费市场，是全球消费资源的配置中心，能够引领全球消费发展的创新高地”。

陶希东（2020）结合上海市建设国际消费中心的研究，他对国际消费中心城市的界定是：国际消费中心城市应该既是一个具有全球超强链接能力，全球最丰富、最多元、最高品质的消费商品和服务供给，超强消费资源全球配置能力，引领全球消费潮流和趋势，具有健全规范的消费制度政策体系、一流消费场景和消费环境的全球性交易平台和商贸信息枢纽，更是一个文化、科技、服务的全球输出之地。

最后，从官方视角来看，国家商务部在相关政策文件中提出的所谓国际消费中心城市主要是指“基础条件好、消费潜力大、国际化水平较高，立足国内、辐射周边、面向世界的具有全球影响力、吸引力的综合性国际消费中心城市”。

（二）关于国际消费中心城市的特征

要成为国际消费中心城市，应具备一些共性特征。为此，在梳理现有研究成果基础上，笔者归纳、总结了以下国际消费中心城市的主要特征：

（1）具备强大的综合实力和对外开放程度。作为国际消费中心城市，必须要具备较强的经济实力，国际辐射力、影响力较高，借此集聚国际性、高端性消费资源。因此，拥有雄厚的经济实力，对世界经济格局有一定影响力，是成为一个国际消费中心城市的必要条件。

（2）是全球要素集聚中心和货物、服务贸易流通枢纽。国际消费中心城市的“国际”意味着消费市场的全球化、国际化，这一方面需要相关城市拥有汇聚全球消费领域相关要素资源的能力，另一方面还需要具备便利、发达的国际物流通道以及国际往来的人员、资金和信息通道，这样才能为快速汇聚或扩散全球商品和消费者，配置全球消费资源提供基础支撑。

（3）拥有发达多元的现代服务业体系。国际消费中心城市一般具有更高比例的中高收入群体，随着消费人群的涌入和消费市场的扩张，更加促使城市向消费驱动、服务业主导的结构转变。除商品消费外，还有发达的现代生产性服务、优质的公共服务以及高端的生活性服务，不断吸引和集聚全球消费群体向城市集中，满足多元化需求。

（4）具有开放包容的环境与完善的制度政策。国际消费中心城市的形成和发展，需要具备高水平的开放性、包容性和有利于消费发展的政策支持。在开放性方面，国际消费中心不仅需要高度开放的贸易投资环境、相对完备的国际商业规则和法律体系，还要满足国际签证便利、人员往来通达、货币兑换和支付便捷等要求；在包容性方面，国际消费中心要能够接纳多元文化和多样性消费群体；在消费政策方面，国际消费中心要有高效的消费者权益保护、适合的税收激励政策等。

（5）具有活跃的人文交流氛围和较强的创新能力。消费城市的逻辑路径是借助良好的消费环境吸引创意人才，继而激发城市创新发展活力，推动城市持续繁荣。因此，国际消费中心城市一定是高素质人才之间频繁、大规模信息交流和思想碰撞的场所，人力资本正向外部性较强，是个充满活力的创新城市。如东京、伦敦、纽约、巴黎依托自身优质的高等院校、科研院所，集聚了全球各地的科研创新人才，城市创新活跃，科创能力突出。

（三）关于国际消费中心城市的形成

打造一个国际消费中心城市不是一蹴而就的，需要具备一定的产业条件、市场条件、消费条件，并且是城市物质生产、文化积淀、商业繁荣及消费迸发长期相互作用的产物。

汪婧认为国际消费中心城市是在市场和政府双重动力作用下，消费主体（需求端）、消费客体（供给端）和外部消费环境三大基本要素的结合过程，通过构筑良好的面向国际市场的城市消费生态，吸引国内、国际消费人口和高级人力资本的集聚，依托知识溢出效应激发创新，利用规模经济效应推动消费性和生产性服务业发展，最终形成以消费推动高质量发展的国际消费中心城市（图3-1）。

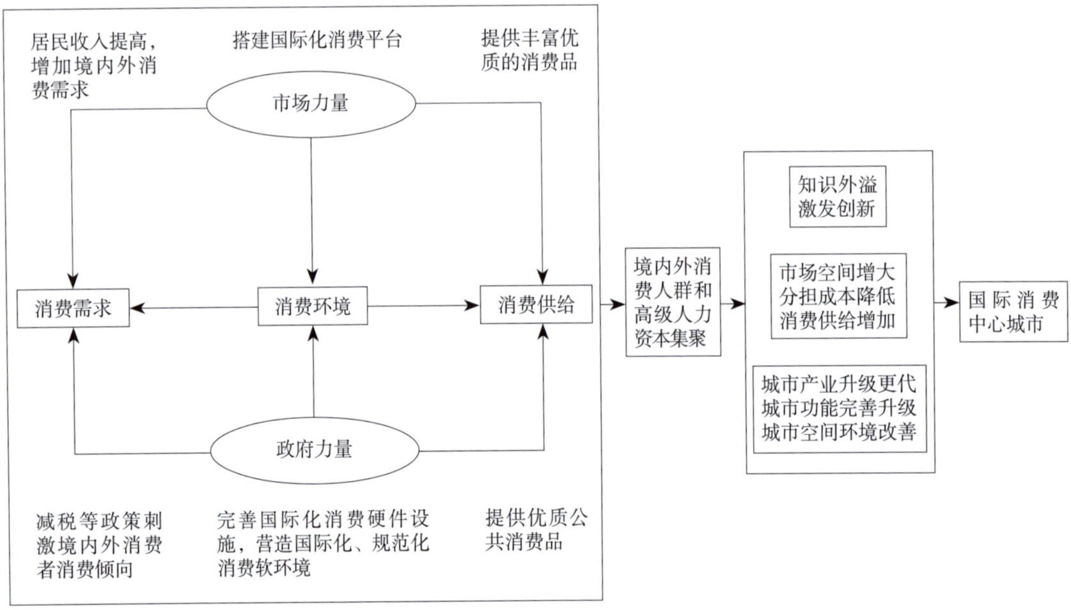

图3-1 国际消费中心城市形成机制示意图

资料来源：汪婧，《国际消费中心城市：内涵和形成机制》。

刘涛、王微则从全球化视角出发，认为国际消费中心城市的形成得益于消费全球化的发展，它既是消费全球化的推动者，也是受益者。很多区域性的消费中心城市，凭借发达的消费市场、多样的消费服务业、通达的交通网络和良好的贸易环境，成为全球消费资源的主要汇聚地和带动全球消费发展的龙头，实现了从一般消费城市向具有强大向心力的国际消费中心的跃升。

诸多研究也表明，许多城市将建设国际消费中心城市作为其塑造城市功能、促进产业转型升级的重要举措。例如，巴黎、米兰依托时尚产业的发展将自身发展成为全球重要的奢侈品消费中心；伦敦通过创意产业的发展复兴了伦敦东区，并将其打造成为一个全球文化创意设计中心。可见，国际消费中心的发展已成为许多国家以消费升级引领产业升级的重要途径，对提高一个国家的全球化参与度和话语权也具有积极意义。

此外，结合不同国家、城市的基础条件、文化传统和产业特征，国际消费中心城市也各具特色。一方面有诸如巴黎、纽约、伦敦、东京这样的综合性国际消费中心城市，其对全球消费资源配置具有领导力；另一方面也有迪拜、首尔等分别通过旅游、医美等某一领域的特色消费为引领成为特色型国际消费中心城市，其在一定地域内发挥聚集、配置和带动作用。

二、国际消费中心城市发展时尚产业的主要经验

长时间以来，巴黎、米兰、伦敦、纽约、东京一直是全球极具影响力的国际消费中心城市和国际时尚之都。在此，笔者总结这五大城市时尚产业发展的基本情况，以期为北京在建设国际消费中心城市背景下发展时尚产业提供经验借鉴。

（一）五大城市时尚产业发展的基本情况

1. 巴黎

巴黎即时尚，这座城市是时尚资本和创意精英的大本营，这是全球时尚从业人员的共同认知。巴黎时尚产业有着深厚的历史文化底蕴，创意设计实力和产品革新能力突出，拥有世界顶级的时尚企业集团和丰富的人才储备，使之在时尚界的地位不可动摇。

（1）巴黎是引领世界时尚消费的权威平台。19世纪中期，巴黎成为高级定制时装的发源地，从此奠定了其在全球时尚界的中心地位。在此基础上，巴黎高度重视“高、精、尖”时尚产品的设计开发与营销推广，逐步占据了香水和化妆品、高级时装（奢侈品成衣）、高级珠宝等时尚产业细分领域的高端市场，并首创了明星设计师、时装周等商业模式，使其在世界时尚产业具有绝对的竞争优势和独一无二的话语权。依托巴黎时装周、高级定制时装周、高级成衣时装周等三大具有国际影响力的时尚活动，巴黎聚集了世界各地的买手和时尚记者，从而扩大了其时尚消费的国际影响力。此外，巴黎将时尚元素融入了

城市的改造和美化、旅游业的发展、消费体验的升级以及城市营销的创新，创造性地构建起城市消费体验与时尚、创意的象征性联系，将“巴黎时尚”塑造成为现代历史上一个特定地方最具影响力的品牌形象。

（2）巴黎拥有世界顶级的时尚企业集团。随着时尚产业全球化的发展，巴黎的时尚企业积极开展市场整合和全球化布局，一批顶级的时尚跨国公司成为推广“巴黎时尚”的重要载体。自2000年以来，LVMH和开云集团已收购或购买了10多个全球领先的奢侈品牌。2019年，以LVMH和开云集团为首的全球十大奢侈品公司，占据了全球前100名奢侈品集团总销售额的51%。虽然新冠肺炎疫情对全球时尚产业产生了巨大的冲击，但疫情为时尚产业的并购活动提供了肥沃的土壤，最强的集团成为了市场整合最大的获益者，这也意味着依靠这些世界顶级的时尚企业集团，巴黎国际时尚之都的发展将获得源源不断的动力。

（3）巴黎时尚产业政策体系日益健全。法国是较早建立时尚产业政策性保护制度的国家，健全而系统的制度化体系保证了法国时尚产业链的良性运转。一方面，时尚产品从设计到生产，再到销售的每一个环节都隶属于不同的细分行业公会管理，根据细分行业公会颁布的版权保护政策和技术工艺标准要求执行。另一方面，高级时装标志是受法律保护的名称，法国工业部特设专门委员会每年颁布法令公布被批准进入的品牌，其他未被批准进入的品牌不能擅自使用；“高级定制时装设计师”也是一个依法注册并受法律保护的名称，只有“法国高级时装联盟”的成员才可以使用。这些都在一定程度上确保了高端时尚产品的品质。此外，法国高度重视时尚人才的引进与培养，奢侈品行业投资人给予设计师充分的自主权，重视孵化未来的明星品牌，对本国和外国人才的一视同仁使法国时尚保持了持久吸引力。

2.米兰

米兰是一座拥有两千多年历史的文化名城，米兰的时尚产业主要依托于纺织服装业、皮革制品和鞋类行业，成衣制作、面料研发和展览业是其发展的核心。现代米兰的时尚设计与意大利的传统文化相结合，继承了意大利精湛的传统手工艺和高品质，孕育了以范思哲（Versace）、阿玛尼（Armani）为代表的世界半数以上的著名时装品牌。当前，对零售商而言，米兰仍是欧洲第四大最具吸引力的城市，米兰设计周、米兰服装周仍是全球极受瞩目的时尚盛会，这些都向世界展示着米兰国际时尚之都和国际消费中心城市的形象。

（1）米兰是一个基于市场导向的时尚设计与制造之都。一方面，早在20世纪50年代，米兰就是意大利的工业设计中心，而到了20世纪七八十年代工业设计与时尚在米兰实现了融合，使米兰逐渐成为意大利乃至世界重要的时尚设计中心。目前，米兰仍是时尚达人和设计师的天堂，众多设计和时尚专业人士选择将其作为自己工作和生活的城市。另一方面，随着全球时尚产业竞争越来越激烈，相较于时尚产品的激进革新和艺术表达，米兰时尚产业将产品的商品化放在了一个更加重要的位置。因此，米兰依然有着较好的时尚制造业基础，特别是保留了悠久历史传统的手工业制造部门，从而确保相关产品的档次和品质，这使米兰的服装在消费市场上更受欢迎，总是最容易出售。

（2）米兰时尚产业空间分布呈现中心性强、集群显著、高渗透性特征。欧静竹的研究表明，米兰时尚产业向城市中心聚集，越往城市外圈层时尚产业空间密度越小（图3-2）；产业空间大多选择在交通便利的米兰城市中心周围和城市交通网络发达的沿线地区，并形成大量小规模空间集群，特别是由蒙提拿破仑街（Via Montenapoleone）、圣安德烈街（Vias.Andrea）、史皮卡大道（Via dellaSpiga），以及鲍格斯皮索（Borgospesso）四条名品店街组成了最著名的米兰时尚购物黄金四角区；米兰的城市时尚产业空间载体涵盖了时尚展览空间、高级定制服装零售空间、时尚协会组织、时尚出版杂志社、时尚中介及服务行业、时尚学校及培训机构、时尚品牌展示厅、时尚公司总部空间、时尚产品生产空间等，这些时尚产业空间与城市其他功能区域（办公、居住、文化等）并无明显的分区，呈现与城市功能的高渗透性和高混合度。近年来，时尚产品生产空间逐步减少，时尚研发设计和时尚营销空间相应增加，并出现了多种新空间分支。

图 3-2　米兰时尚产业空间密度圈层对比图

资料来源：欧静竹，《米兰时尚产业空间集聚演化及规划启示》。

（3）米兰拥有灵活的中小企业网络和优秀的企业组织能力。在意大利国内，相较于佛罗伦萨深厚的文艺复兴文化内涵和罗马拥有为好莱坞明星服务的国际知名裁缝，米兰时尚产业的兴盛得益于其灵活的中小企业网络和优秀的企业组织能力。在米兰，时尚产业领域的企业大多是中小企业，并且在空间分布上相对集中，这就使这些公司与设计师之间形成了良性的互动与信任。与此同时，米兰本地的纺织业还可以为时装设计师提供高质量的原材料，这就让整个米兰时尚产业构建了更具弹性和活力的生产网络，最终使得相关时尚产品更具性价比。按照2018年的数据，在米兰中心城区约有1.3万家时尚类企业，时尚产业每年的收入达到130亿欧元，约占整个城市GDP的20%。

3. 伦敦

伦敦与其他国际时尚之都相比，经历了更为彻底的去工业化过程。因此，伦敦作为国际时尚之都，并不是因为其是全球时尚产品生产制造中心而闻名，也不是其有多么了不起的奢侈品牌，而是源自其自身的创新能力，使伦敦这座城市通过艺术形式和象征性的表达来塑造其时尚之都的形象。

（1）伦敦时尚产业聚焦创意设计领域。伦敦的创意产业涵盖了服装设计、影视表演、广播与传媒等13个行业。如今，伦敦已把重心全部聚焦于创意设计，其时尚产业更加注重发展创意和营销等策略。伦敦时尚产业的最大特点就是原创新设计与多元化时尚文化交融，英国时装协会CEO希拉里·瑞瓦曾说："伦敦永远不能和米兰、巴黎同日而语，但她的创意与多元化是无与伦比的"。伦敦东部地区是设计师、建筑师的创作乐土，也是数字媒体公司、艺术家和画廊的集聚地。据不完全统计，伦敦拥有全国40%的艺术基础设施、2/3的电影制作岗位、70%的电视制作公司、3/4的广告业岗位。设计节、时装周、游戏节和电影节成为伦敦吸引城市消费的四大招牌。

（2）伦敦拥有世界顶级的时尚教育资源。根据*CEOWORLD* 2020年全球最佳时尚学院排名，世界最著名的10所时尚院校就有3所坐落在伦敦，分别是伦敦时装学院（第一名）、中央圣马丁艺术与设计学院（第六名）、英国皇家艺术学院设计学院（第七名）。这些顶级时尚院校给伦敦时尚产业带来了多元化的国际元素，例如，伦敦时装学院2/3的学生均为国际生源。以这些顶级时尚院校为核心，伦敦约有20所高等院校开设了时尚设计类课程。

（3）政产学研共同推动时尚产业发展。大伦敦市政府积极参与Building BloQs、Fashioning Poplar、Hackney Fashion Hub、Albion Knit等创意产业空间的更新改造项目，以期提升伦敦东区创业产业发展的承载能力。私营部门也积极在伦敦东区投资一些技术性强、富有创新性的项目，例如，2017年在Here East创新科技园发起的Plexal项目，就是一个创新中心和众创空间，以期聚集规模各异的创新团队、高校、创新型企业共同推进创新与革新。此外，伦敦时装学院通过设立时尚创新中介服务、时尚企业孵化中心等机构，帮助学校的创新资源及希望创业的学生尽快与产业资本对接，以实现创新成果的快速转化和中小微企业的健康成长。

4. 纽约

纽约凭借发达的现代服务业、多元包容的文化理念以及成功的商业模式，成为国际时尚之都的后起之秀。受益于其强大的经济实力和国际化程度，纽约已经成为全球时尚商业运营中枢，能够将独特的时尚设计转化为强大的全球时尚品牌。

（1）纽约在全球时尚产业中具有三个中心地位。纽约是世界时尚领域的风向标，是全球设计师及时尚企业中心、批发贸易和商店的总部中心以及时尚媒体、营销和零售中心。据不完全统计，2014年左右，40%美国设计师聚集在纽约市，900多个时尚品牌企业的总部设在纽约，全市公司和企业办事处中11.7%与时尚产业相关。

（2）多元包容的文化理念使纽约极具时尚创新力。纽约文化鼓励具有梦想的人士自主创业，鼓励具有强烈反差的事物相互"碰撞"，擦出新的火花，不同国家、种族的文化在纽约融合之后就会形成新的时尚创意。纽约的街头文化也是其标志性时尚特征之一。此外，纽约拥有众多的美术馆、博物馆、科研机构、图书馆、广播公司、时尚杂志、网络媒体和艺术中心，这些载体为纽约时尚文化的交流融合提供了重要载体和平台。

（3）纽约正在积极推动“纽约制造：时尚”行动计划。根据New York City Economic Development Corporation（简称“NYCEDC”）致力于促进纽约的时尚产业，以确保该产业在城市商业和文化中心的未来。NYCEDC通过“纽约制造：时尚”（Made in NY：Fashion）实现这一目标。这一项目是一个公共/私人合作项目，旨在为纽约市的时装设计、制造和教育部门创建、开发和实施项目。该项目可以细分为时尚制造扶持计划、本地制造商伙伴计划、时尚院校毕业生作品展览计划、时尚产业可持续发展计划。此外，纽约还将实施未来制造业中心建设计划，该中心是位于布鲁克林日落公园的纽约制造园区的一部分。该园区于2021年开放，为服装制造、电影和媒体制作以及相关产业提供负担得起的、一流的基础设施和服务配套支撑。

5.东京

当前，日本东京是亚洲地区重要的国际消费中心城市，也享有着国际时尚之都的美誉。除了在电影、歌曲、时装秀和博物馆中流行的和服款式之外，日本在很多方面都为时尚史做出了贡献。主要体现在以下方面：

（1）诞生了一批影响世界时尚潮流的设计师。自20世纪50年代初以来，日本时装设计师一直以其视野、工艺和创造力影响西方时尚。20世纪60年代，传奇的Comme des Garons创始人川久保玲以其前卫的阳刚气质彻底改变了女性时尚。裁缝大师山本耀司以其前卫的剪裁和与阿迪达斯的合作而闻名。日本作为全球时尚影响者的另一个现代贡献者是Issey Miyake（三宅一生）。Miyake是日本最著名的时装设计师之一，因其迷人的褶皱而广受消费者的认可和喜爱。

（2）日本街头时尚文化风靡世界。日本的街头时尚应该是世界街头时尚爱好者的“圣经”，特别是东京已经成为时尚、反主流文化和女性气质对比鲜明的万花筒。其中，原宿的日本街头风格一直是前沿潮流的源泉，包括A Bathing Ape在内的当地街头服饰品牌一直处于该类别增长的最前沿；作为日本漫画和动漫发源地的秋叶原已经成为Cosplay（角色扮演）文化的聚集地；银座区以其高档购物场所和坐落在精致古怪建筑中的高端零售商而闻名；涩谷109百货公司是趋向高档和主流的时尚、穿着考究的年轻人的聚集地（图3-3）；下北泽区聚集了大量Live House或音乐场所，使其成为东京摇滚、朋克音乐和生活方式的中心。此外，流行偶像文化也成为日本时尚文化中的重要组成部分，AKB48为代表的流行团体定义了日本文化中盛行的流行偶像崇拜。

（3）时尚消费能力位列全球领先位置。日本占全球奢侈品消费的10%，仅次于美国和中国。根据波士顿咨询集团研究，即使中国奢侈品消费市场继续扩大，日本在全球奢侈品市场份额在2025年仍将保持相对稳定。此外，诸如优衣库、無印良品、BEAMS等快消时尚品牌，不仅引领着全球服装极简主义风格的演变，也在全球服装快消市场上占据着重要的份额。

图 3-3 东京涩谷

图片来源：站酷海洛。

（二）国际消费中心城市发展时尚产业的主要经验

时尚的产生和发展与城市的转型和发展密切相关，时尚作为日益活跃的城市元素，逐渐成为丰富城市内涵、塑造城市风格、传递城市文化、促进城市消费的重要载体。巴黎、米兰、伦敦、纽约、东京是世界公认的国际时尚之都，也是全球重要的国际消费中心城市。梳理国际时尚之都与国际消费中心城市的关系，以及国际消费中心城市在发展时尚产业过程中的主要经验，对在国际消费中心城市背景下北京时尚产业的发展具有一定指引作用。

1. 时尚之都与国际消费中心城市建设都需要强大的城市综合实力做支撑

五大国际时尚之都的形成，无一不是所在国家政治、经济、文化等总体实力强大并保持持续强势的结果。从历史沿革上看，巴黎和伦敦的时尚地位是17世纪以后的历史造成的；纽约的崛起是第二次世界大战后美国全球霸主地位确立后的产品；米兰是20世纪70年代随着全球成衣潮流的兴起而脱颖而出的。从现实情况上看，根据2020年GaWC《世界城市排名》，四大国际时尚之都中，伦敦、纽约位列最高级别Alpha++，巴黎、米兰分别位于Alpha+和Alpha。此外，诸如东京、多伦多、伊斯坦布尔、墨尔本、圣保罗等被认为是世界二线时尚之都的城市，其在GaWC《世界城市排名》中也均位列于Alpha–及其以上级别。因此，现有国际时尚之都与国际消费中心城市一样，基本上也是国际金融、经济、流通和交通乃至政治、文化和艺术的中心，具有超大的城市规模和强大的城市竞争力，拥有浓郁的商业氛围、巨大的消费潜力、强大的资源集聚能力和良好的产业发展环境。

2.时尚消费是国际消费中心城市的重要标签之一

巴黎、米兰、伦敦、纽约、东京都曾经是全球重要的服装服饰生产制造中心，并以此集聚了一大批优秀的工匠、设计师和企业家。随着经济全球化带来的全球生产力的布局，这些国际时尚之都逐渐从生产制造中心发展为时尚设计中心、时尚潮流发布中心和时尚跨国企业总部基地，并以此来确保其在全球时尚城市等级中的优势和地位（Evans and Smith，2006）。进入21世纪，实施以时装周、旗舰店、大型购物中心以及形式多样的广告为代表品牌渠道战略，逐渐成为上述国际时尚之都提升自身发展水平和国际影响力的重要举措。如今，以社交媒体为代表的新兴传播载体，正成为现有国际时尚之都传播城市形象、创新城市营销的又一重要方式（Casadei and Lee，2020）。这五个城市依托国际时尚之都建设，其时尚消费的总体规模、影响范围得到进一步拓展，在其城市消费中占据重要比重。例如，伦敦市以时尚产业为重要组成部分的创意设计产业产值达到280亿英镑，占全市所有零售业产值的22.2%及全英国制造业产出的2.5%；巴黎、米兰也成为全球顶级的奢侈品生产制造及交易中心；纽约成为全球运动品牌基地和时尚营销模式创新中心；东京成为全球重要的时尚家居、休闲服装、动画漫画的创意设计中心，诸如三宅一生、無印良品、优衣库等已成为全球知名的消费品牌。

3.时尚产业是国际消费中心城市现代产业体系的重要组成部分

国际消费中心城市的发展需要高水平的现代服务业为支撑。时尚产业其表现形式主要是以服装、鞋帽、皮具、钟表、珠宝首饰、美容化妆品等行业为基础，涵盖了时尚研发、时尚创意设计、时尚摄影、时尚传播、时尚教育等诸多业态。可以说，现代时尚产业是以文化创意为依托，以设计艺术为核心，科学技术为支撑，通过创新、创意、创造对传统产业资源要素进行整合、提升，形成横跨高附加值制造业与现代服务业的产业集合。因此，时尚产业的发展，不仅能够丰富国际消费中心城市现代产业体系内涵，还能提升产业供应链、价值链水平。主要体现在时尚教育、时尚传播及时尚制造三个方面（表3-1）。

（1）在时尚教育方面，四大国际时尚之都均有世界顶级的时尚教育资源，在*CEOWORLD* 2020年全球最佳时尚学院排名中，前10名时尚学院有8所分别坐落于巴黎（1所）、米兰（1所）、伦敦（3所）、纽约（3所）四个城市。根据各自城市时尚产业发展方向和重点，这些顶级时尚院校在教学上各有侧重。在保留了大部分手工制作传统的米兰和巴黎，时尚院校强调技术、工艺和生产技能的教学与培训。伦敦、纽约的时尚院校得益于英语教学的天然优势，吸引了大量的极富天赋的国际留学生，时尚教育产业已成为城市现代服务业的重要组成部分。伦敦的时尚院校的教学更加强调激发学生的创造性、培养学生的美学意识以及通过驾驭时尚媒体来进行时尚资讯传播的能力。纽约的时尚院校则更多地关注创造性的培养和艺术设计的教学，并在时尚管理、时尚营销和时尚品牌策划等领域的教学上处于全球领先地位。

（2）在时尚传播方面，四大国际时尚之都均有各自世界知名的时尚类活动，这些时尚类活动为这些城市开展国际经济活动和文化交流提供了重要的支撑，为这些城市打造具有重要影响力的国际消费中心城市注入了独特的内涵，形成了独一无二的城市名片。巴黎、米兰等城市每逢时装周、设计双年展期间都会吸引大批设计爱好者、时尚趋势跟随者和国际游客。

表 3-1　四大国际时尚之都发展概况

城市	时尚类教育	时尚类活动	时尚产业发展
巴黎	巴黎时装工会学校、法国高级时装学院	巴黎时装周、高级定制时装周、高级成衣时装周	巴黎时尚产业的研发设计实力雄厚，发展快速且相对稳定，主要包括香水和化妆品、高级时装（奢侈品成衣）、高级珠宝等行业
米兰	米兰理工大学、马兰欧尼时装学院	米兰时装周、米兰设计周、米兰皮革周、米兰国际面料展览会	米兰设计历史悠久，制作精良，时尚产业主要包括纺织服装业、皮革制品和鞋类行业，成衣制作、面料研发和展览业
伦敦	中央圣马丁艺术与设计学院、英国皇家艺术学院设计学院、伦敦时装学院	伦敦时装周、伦敦珠宝钟表展、伦敦国际服装展览会	众多殿堂级的设计师在伦敦集聚，伦敦时尚产业的最大特点就是创意与多元化。时尚创意产业已成为伦敦重要的产业之一
纽约	纽约时装学院、帕森斯设计学院	纽约时装周、纽约大都会艺术博物馆慈善舞会	纽约凭借发达的新闻传媒广告业，包容性的文化理念以及成功的商业模式，成为世界时尚之都的后起之秀，它是设计师和充满时尚梦想人士的理想目的地

资料来源：陈文晖、熊兴，《关于北京打造国际时尚之都的思考》。

（3）在时尚制造方面，虽然四大时尚之都的时尚产业均已完成从生产制造驱动向服务及品牌驱动的转型，但相关城市依旧保留了一些关键制造业，并在制造工艺和技术上精益求精。例如，纽约通过各种方式保留了曼哈顿Garment District的服装成衣空间，伦敦也在积极探索培育壮大面向未来的时尚制造业，相关城市也积极尝试将新一代信息技术、新材料等应用到时尚制造领域。除此之外，巴黎的珠宝和香水、伦敦的瓷器、纽约的个人护理用品、米兰的皮具和家具等均成为当地重要的时尚招牌和消费热点商品。

此外，致力于建设国际消费中心城市的国内部分城市，也把发展时尚产业作为其重要抓手之一。例如，上海在加快国际消费城市建设新一轮三年行动计划中就明确提出，要提升时尚引领度，利用“首店经济”与“首发经济”成为开路先锋；广州建设国际消费中心城市的目标是要将广州打造成为国际品牌的聚集地、时尚潮流的引领地、中国制造的展示地、岭南文化的传承地、消费创新的策源地。

4. 时尚元素成为国际消费中心城市的重要特征和标志

每一个国际消费中心城市必须具有自己鲜明的特征，拥有一批世界级品牌、设计师、时尚地标、产业集聚区、具有国际影响力的文旅消费活动等，才能让大众产生兴趣、逐渐熟知并最终得到世人的认可。而从巴黎、米兰、伦敦、纽约的城市发展历程来看，时尚一直是城市的内在基因，无论是城市的规划建设还是日常的人文活动，都已经充分融入了各类时尚元素。巴黎的香榭丽舍大道、拉德芳斯CBD，米兰的时尚购物黄金四角区，伦敦东区以及纽约的时装街区，这些区域都被城市管理者规划建设成为全市时尚产业和特色消费集聚区，并与周边城市功能形成了有效融合与互补。与此同时，这些城市均拥有成熟的时尚消费群体、特色的都市时尚生活方式和独到的时尚风格，时尚元素已经融入城市的人文氛围。例如，性感奢华的巴黎风情处处弥漫着高雅、精美、淑女而又浪漫的法兰西风格；米兰的时尚传承和发展了古罗马时期以来的悠久传统，以意大利制造业为物质基础，构成热烈而富有幻想、华丽而追求品质的基调；纽约是一个相对年轻的移民城市和商业城市，多元化、实用化、娱乐化成了纽约时尚文化的精髓。

三、与国际先进经验的对标分析

与一些国际消费中心城市时尚产业发展经验进行对标分析，明晰在以国际消费中心城市建设为导向的背景下，北京市发展时尚产业的基础条件及存在的问题。

（一）北京发展时尚产业的基础条件

1.城市综合实力位于全球前列

北京在2020年GaWC《世界城市排名》位列Alpha+级别，在GPCI《全球城市实力指数报告》经济维度中位列全球第三，在科尼尔《全球城市指数》排名中位列全球第九，这些都表明北京在全球城市竞争力排名中处于世界第一方阵。北京同时也是全球十大金融中心之一和全球十大科技创新中心之一，世界500强企业总部数量连续7年位居世界榜首，聚集了全国80%天使投资人1/3股权投资机构。2020年，全市人均GDP 2.4万美元，达到发达国家水平；人均可支配收入为69434元，实现市场总消费额2.53万亿元。强大的经济实力、消费能力和显赫的国际地位为北京建设国际时尚之都提供了坚强的物质基础（图3-4）。

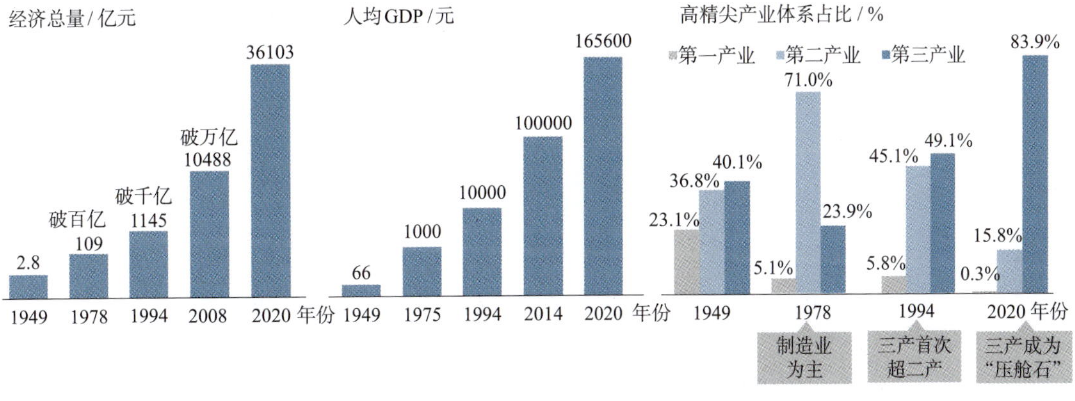

图3-4 北京市历年主要经济指标变化情况

数据来源：作者整理而成。

2. 具有得天独厚的历史文化底蕴和良好的时尚氛围

北京作为一个拥有3000多年建城史和850多年建都史的古老城市，拥有为数众多的世界文化遗产和特色鲜明的京味儿文化，厚重的历史文化底蕴成为时尚创意滋生的土壤。北京作为全国文化中心和国际交往中心，具有良好的时尚氛围。鸟巢、水立方、CCTV总部大楼、国家大剧院等极具特色的标志性建筑，彰显着北京现代时尚气息；热闹繁华的西单、王府井商业街，国际化的CBD和金融街，京城夜色、酒吧文化符号的三里屯，当代艺术与建筑空间完美结合的798艺术区等地方充分展现了北京现代、潮流的工作生活方式，诠释时尚帝都风貌。

3. 时尚产业发展初具规模

北京依托“设计之都”这一名片，加大优质时尚资源整合力度，在扩大时尚产品供给、营造城市时尚氛围、优化时尚消费环境等方面取得突破。时尚展会业蓬勃发展，已连续20余年举办了中国国际时装周，已有世界各地700余位设计师、600余家品牌和机构举办了1300余场发布会，有近3500位设计师和模特新秀参加了130余场专项大赛总决赛。中国国际时装周现已成为中外知名品牌和设计师推广形象、展示创意、传播流行的国际化服务平台。北京还持续举办北京国际设计周、“时尚北京”系列活动、中国国际青年设计师时装作品大赛等时尚展示和行业赛事，进一步提升了北京的国际时尚影响力。时尚设计产业加快集聚，现有北京服装纺织行业协会、北京时装设计师协会等行业协会组织，建成北京时尚设计广场、中关村时尚产业创新园、北京（宋庄）时尚创意产业园等为代表的时尚产业集聚区，拥有北京时尚控股公司、时尚传媒集团等时尚类龙头企业。北京市人均可支配收入的不断攀升为消费水平的持续提高打下坚实基础。

此外，围绕“四个中心”功能建设，北京正着力打造国际一流的和谐宜居之都，积极推进国际消费中心城市建设，这些都为时尚产业高质量发展提供重要支撑。

（二）北京与国际领先水平的差距

1. 优势产业链集群尚未真正成形

当前，四大国际时尚之都时尚产业发展均呈现模块化发展态势，既有生产力在空间上的集聚发展，也有上下游企业间网络化协作。相较而言，北京市时尚产业还是处于单打独斗阶段，个别龙头企业与本地中小企业的配套整合还是不够。特别是随着非首都功能疏解工作的推进，造成一般制造、批发贸易等环节被转移出北京，使得时尚产业缺乏上游原材料供给、下游设计样品生产制造的配套，时尚商品的流通体系不够完善，从而增加了企业生产运营成本。此外，旧有的产业发展和要素资源配置制度与时尚产业新业态、新模式之间存在冲突和矛盾，使得时尚产业发展过程中面临行业界定不清、发展空间不足、人才引进困难、资金扶持不利等问题，制约着全市时尚产业做大做强和产业链集群的形成。

2. 时尚消费吸引力有待提升

与伦敦、巴黎、纽约、上海相比，北京国际游客到访量和国际游客消费水平均低于其他城市。2019年，消费市场最终消费率为60%左右，低于纽约、伦敦等15个百分点以上；全市服务消费占比55%，距纽约等国际大都市服务消费占比70%以上的水平仍有一定差距（图3-5）。

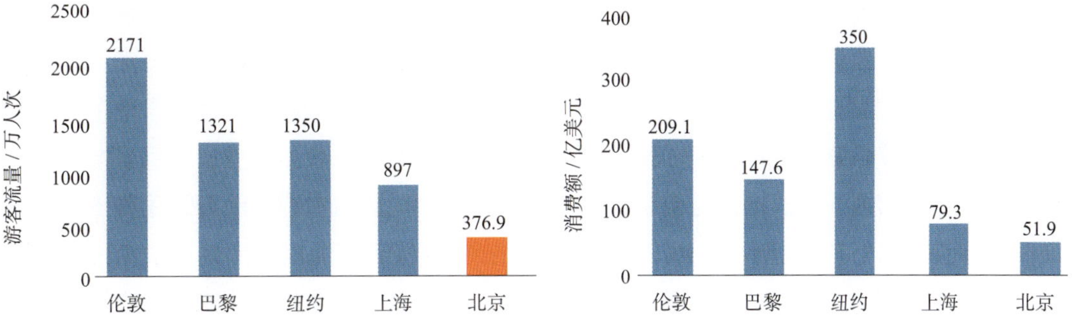

图 3-5　2019 年北京与全球其他城市国际游客到访量及消费额对比

数据来源：作者整理而成。

3. 中高端时尚人才资源相对不足

与纽约、伦敦、米兰、巴黎等国际时尚之都相比，北京市高端时尚教育资源仍显不足。在《CEOWORLD》2020年全球最佳时尚学院前110名排名中，我国（含港澳台）仅有三所高校入围，其中坐落于北京的有2家。虽然北京服装学院、清华大学分别位列全球第49名和第77名，但与国际顶级时尚院校仍然具有较大差距。此外，全市教育与时尚融合欠佳，时尚教育体系不够完善，国际时尚设计人才、时尚引领者、国际买手、时尚管理营销人才较为缺乏。

4. 时尚国际化程度有待提升

结合清华大学等单位的研究成果，北京时尚国际化程度有待提升，主要体现在以下几方面：

（1）缺少更具全球影响力的国际时尚品牌与盛会。根据新华社中国经济信息社评估，2018年，巴黎、纽约、伦敦、米兰和上海时装周活力指数分列前五，北京的中国国际时装周活力指数排名第六，时尚首发平台全球影响力相对不足，造成北京对国际知名时尚品牌、中高端要素资源的吸引力不够。

（2）缺乏更具特色时尚标签的国际重大活动与赛事。如巴西狂欢节、日本樱花节、纽约万圣节等具有悠久的历史传统和鲜明的时尚标签，每年都能吸引大量的国际游客，并带来巨大的消费收益。北京国际重大活动与赛事时尚地方特色不够鲜明、国际吸引力不够，相关活动与赛事所能带动的时尚消费提升还有很有大的空间。

（3）具有国际影响力的时尚地标和商圈有待进一步打造。根据仲量联行统计数据，国际知名商圈巴黎有5个，位列全球第一，纽约有4个、伦敦有3个；全球年营业额最高的前20家高端地标性商业体中，伦敦、巴黎、纽约分别有4家、2家和1家，全国购物中心年销售额达到百亿的商圈，北京仅国贸商圈上榜；虽然2020年SKP首次实现单店销售和每平方米单店产出“双全球第一”，但与巴黎香榭丽舍大街、纽约第五大道相比，其国际知名度依然有限。

（4）产业发展开放程度不够。现有国际时尚之都能够提供一流的时尚消费服务，不仅能很好地满足本地居民消费，而且能引领、创新商品和服务供给，吸引数量庞大的国内外游客前往消费。但是，相较于巴黎、新加坡等城市几千家退税商店的规模，北京目前仅有538家，不利于中高端时尚消费场景的构建；北京离境退税率为11%，退税消费金额需至少达到500元人民币，这与巴黎12%、伦敦12% ~14%的退税水平以及柏林25欧元的退税门槛仍有一定差距。此外，无论是北京机场的免税商店还是cdf北京市内免税店，鲜有本国和本地品牌入驻，这也不利于提升北京时尚消费水平以及扩大北京时尚产业国际影响力。

四、对北京发展时尚产业的启示与建议

（一）做好产业发展顶层设计，明确发展愿景和功能定位

“十四五”时期，北京仍将大力加强“四个中心”功能建设，提高“四个服务”水平；依托国家服务业扩大开放综合示范区和自由贸易试验区，加大先行先试力度，全面激发城市发展新活力；坚定不移实施扩大内需战略，着力打造国际消费中心城市，积极布局一批市内免税店。为此，北京时尚产业要紧密对接北京市“十四五”发展战略，立足北京、服务全国、辐射全球，做好时尚产业发展顶层设计，在“四个中心”“两区”以及国际消费中心城市背景下进一步明确时尚产业发展愿景目标和功能定位。

1.愿景目标

北京自2012年“设计之都”建设以来已经取得了明显成效，城市影响力和创意设计产业国际竞争力不断提升。因此，通过提升做实时尚产业，发出“中国声音”、讲述“北京故事”，探索打造国际时尚之都的中国样板，从而有效丰富“全国文化中心”“全国科技创新中心”“国际交往中心”的内涵，提升北京的国际地位和文化软实力，并与北京打造国际消费中心城市相互呼应，成为北京建设国际消费中心城市的重要支撑。

2.产业定位

北京时尚产业的发展既要符合时尚产业发展的基本规律，也要与北京现代产业体系相衔接。因此，对标北京“四个中心”及国际时尚之都、国际消费中心城市的特征要求，依托北京“高精尖”产业发展，进一步构建完善现代时尚产业体系，将北京建成全球时尚IP

策源地、国际时尚消费中心城市、国际时尚教育和时尚文化中心以及全国“时尚+科技”融合发展示范市。

（二）完善特色时尚产业体系，扩大高品质时尚消费供给

探索构建完善“时尚设计+时尚智造+时尚消费+时尚创意服务业+时尚文化教育”五维一体时尚产业体系。其中，时尚设计重点发展服装服饰设计、工业设计和时尚创意设计；时尚智造重点发展服装服饰及其新材料、时尚消费电子；时尚消费重点打造一批高端商圈、特色街区、跨境电商；时尚文化教育重点发展时尚教育、时尚文化传播；时尚创意服务业重点发展时尚类中小企业孵化和产业指导、知识产权服务、商务服务、投融资服务等，引导集聚发展一批时尚品牌咨询等具有国际影响力的第三方专业机构，健全时尚品牌发布、营销等专业服务体系。

在此基础上，还要结合北京市城市总体规划的实施，进一步优化调整时尚产业发展空间布局。一方面要促进时尚资源在中心城区有序集中，提升798艺术区、751D·PARK北京时尚设计广场、中关村时尚产业创新园等重点园区集聚集约发展水平，打造一批具有国际影响力的时尚商圈；另一方面要围绕北京市“一核两翼”战略实施，支持通州区台湖镇承接中心城区设计资源、创意资源和时尚资源，探索将丰台大红门地区发展成为全市新兴的时尚文化创意集聚区；第三方面，探索在天津、河北有条件的地区通过园区共建、飞地经济等方式，承接时尚产业一般制造环节转移，拓展北京时尚产业发展空间，促进三地时尚产业协同发展。

此外，还需要强调的是，北京建设国际消费中心城市，不仅是商品消费的全球中心，更应是一种具有全球吸引力的文化、旅游、娱乐、信息、教育等知识性、创意性、服务性消费中心。因此，北京时尚产业特别是关注北京国际消费中心城市建设的重点，顺应消费升级趋势和特点，重点扩大特色潮流服装服饰、时尚文化娱乐、时尚会展、时尚生活方式等多元消费供给。在此基础上，要注重将现有国际顶级节事、赛会配套性消费转变为主题性消费，打造更具国际范的节事活动，提升中国国际时装周、北京国际设计周、“时尚北京”系列活动等国际影响力。充分抓住北京环球影城、北京冬奥会带来的历史性机遇，谋划兼具北京特色和国际元素的可持续性主体消费。

（三）创新时尚消费场景建设，提供多元化时尚消费体验

围绕建设国际时尚消费中心城市，需要大力创新时尚消费体验场景建设，为国内外消费者提供多元化时尚消费体验[1]。

（1）按照“商业+品牌+时尚”的定位，围绕首店经济、夜间经济、商业特色、潮流

---

[1] 参考清华大学城市治理与可持续发展研究院有关研究成果。

场景、丰富业态等多角度，布局一批时尚买手店和沉浸式时尚消费体验空间，重点将国贸商圈、王府井商圈、金盏国际合作服务区打造成为国际品牌消费集聚中心区。

（2）按照“老字号+文化+体验”的定位，打造老字号的“不老传说”，把“前门-大栅栏-故宫”区域建成中国传统文化消费核心区，成为国潮京造的重要展示平台。

（3）按照“年轻+时尚+不夜城”的定位，植入时尚展示、时尚体验、时尚休闲等多种消费业态，加快发展深夜食堂、夜间演艺、咖啡吧、24小时书店等夜经济，把三里屯、望京、首钢文化创意产业园等区域打造成为都市休闲时尚消费聚集区。

（4）加快建设艺术品展览馆、美术馆、博物馆、文化艺术中心等新型时尚文化空间，鼓励利用闲置工业厂区等场所建设文化时尚中心、消费体验中心等新型载体，推进北京演艺小镇、艺术小镇建设。线上、线下多渠道宣传全市时尚消费打卡地，支持餐饮、特色小店、商场、老字号等打造沉浸式、体验式消费场所。

（5）通过地标性商圈建设，进一步激发区域商圈发展活力，拓展社群营销、直播卖货、云逛街等消费新模式。同时创新便捷宜居的社区服务圈，以商圈升级带动全市消费升级。

（6）加强时尚消费的新一代信息基础设施建设，打造一批数字艺术体验场景、数字时尚消费体验中心和数字时尚经济网红打卡地，为消费者呈现一场全方位、零距离的数字时尚经济触达式体验。

（四）整合优质教育创新资源，建设时尚教育与科创中心

依托北京服装学院、清华大学美术学院、中国纺织科学研究院、北京电影学院、中国传媒大学等高校及机构，主动对接伦敦时装学院、美国帕森斯设计学院、米兰理工大学等世界知名时尚类高校，开展联合办学和交流访学的活动。实施一流学科培育计划，重点开设工业设计、服装设计、时尚创意设计、时尚管理、时尚营销、时尚传播等专业课程，培养具有宽广的国际视野、具备跨文化思维能力的优秀时尚类人才。推进与天津、河北地区教育培训机构、时尚企业及行业协会的合作，提升时尚学科建设、人才培养、科研服务等方面的协同发展能力。通过订单培养、学历教育与职业教育并举等多种方法，培养一批时尚行业紧缺人才。研究出台更加便利的高层次人才引进举措，加快设计产业领域领军人物和拔尖创新人才的培养与引进，推进一线品牌设计大师、时尚创意人才、专业经纪人、专业买手在北京集聚，为打造国际时尚之都提供坚实的人才支撑。

以时尚产品设计与开发、设计产业公共服务、原创设计师创作创业和企业孵化等为重点，以“时尚+科技”融合创新为重要突破口，建设服装服饰、珠宝首饰、视觉广告等研发设计中心，以及国内外优秀设计师常驻北京工作室。加强时尚设计师创业孵化，探索以互联网为平台，整合相关资源搭建一批时尚设计数据库，建设时尚众创在线平台，提供在线设计工具、信息共享和时尚设计项目众筹、众包等服务，打造高端产研一体化时尚创意

平台，为北京时尚产业发展提供智力支撑。

（五）对接国际通行规则，提升时尚消费国际化和便利化程度

加大时尚产业政策支持力度。研究出台北京时尚产业发展综合性扶持政策，重点在科技创新、土地保障、人才引进等方面取得突破。将科技创新力强、成长性好、附加值高的时尚类企业认定为高新技术企业或科技小巨人企业，给予相应的科技创新政策支持；对时尚会展业、时尚消费、时尚设计、时尚文化创意等产业用地予以重点保障；适时打造若干能够满足时尚人才需求的中高端创作及生活集聚区，完善办公、住房、医疗、教育、娱乐等配套，给予高端时尚创意人才落户政策倾斜。整合各类专项资金，给予时尚产业更多的财税、金融等支持。

建立促进业态模式创新和消费便利化的制度体系。充分利用“两区”“三平台”的先行先试优势，积极争取国家部委支持政策突破，构筑有利于业态模式创新发展的制度环境和包容审慎的监管环境。打造集免税产品展示预定和完善商品零售于一体的会员制线上购物平台，实现国际国内、线上线下商品的同步同价销售。

积极争取退免税政策突破。简化境外旅游购物离境退税流程，争取打通电子发票与离境退税管理通道，推进离境退税点布局完善，鼓励更多符合条件、有试点意愿的优质商户加入“即买即退”服务行列，进一步放大“即买即退”离境退税政策效应，提升离境退税服务便利度，增强国际游客对具有本地特色的商品和老字号产品的吸引力。探索国内产品入驻免税店，从而进一步扩大本土时尚品牌的国际影响力。要研究退税标的商品由货物向服务拓展。

（熊兴　北京服装学院中国时尚研究院
李虹林　中咨投资管理有限公司）

参考文献

[1] Edward L. Glaeser，Jed Kolko，Albert Saiz. Consumer City[J]. Journal of Economic Geography，2001，1（1）：27-50.

[2] Terry Nichols Clark. The City as an Entertainment Machine[M]. Amsterdam：Elsever JAI Press，2011.

[3] 汪婧. 国际消费中心城市：内涵和形成机制[J]. 财经论坛，2019（5）：17-23.

[4] 刘涛，王微. 国际消费中心形成和发展的经验启示[J]. 财经智库，2017（4）：100-109.

[5] 陶希东. 上海建设国际消费中心城市的成效、问题与对策[J]. 科学发展，2020（11）：39-46.

[6] 欧静竹. 米兰时尚产业空间集聚演化及规划启示[C]. 2017中国城市规划年会.

[7] Clark G，Moonen T.（2018）Milan’s Competitiveness[R]. The Urban Land Institute.

[8] 孙莹，汪明峰. 纽约时尚产业的空间组织演化及其动力机制[J]. 世界地理研究，2014（1）：130-139.

[9] Evans Y.，Smith A.（2006）Surviving at the margins? Deindustrialization，the creative industries，and upgrading in London’s garment sector. Environment and Planning A：Economy and Space 38.12，2253–2269.

[10] Casadei P.，Lee N.（2020）Global cities，creative industries and their representation on social media：a micro-data analysis of Twitter data on the fashion industry. Environment and Planning A：Economy and Space 52.6，1195-1220.

[11] BOP Consulting：The East London Fashion Cluster—Draft Strategy and Action Plan[R].2017.

[12] 陈文晖，熊兴. 关于北京打造国际时尚之都的思考[J]. 中国纺织，2018（6）：122-124.

第四章　北京时尚商圈发展研究

北京拥有众多商业载体量大、公共空间充足、文化艺术氛围浓厚的时尚商圈，国际大牌、首店、原创、非遗老字号等多元化品牌在此集聚，见证了北京的消费和时尚潮流变化，也陪伴了一代代人成长。“十四五”期间，北京将打造全球数字经济标杆城市和国际消费中心城市，时尚商圈作为北京城市文化与活力的缩影，是打造国际消费中心城市的重要功能载体，也是在数字经济浪潮下实现消费业态升级的助推器。在新零售价值重塑、科技赋能和体验至上的时代，如何结合自身特色，落实首店经济、数字经济、夜经济等系列举措实现消费升级，是北京时尚商圈实现高质量发展的关键所在。

一、时尚商圈的定义与特征

（一）商圈的定义

从地理学的角度出发，“商圈”一词最早起源于德国地理学家克里斯泰勒（W. Christaller，1933）提出的“中心地理论”。其主要观点可归纳为：以中心地为圆心，以最大的商品销售和餐饮服务辐射能力为半径，形成商品销售和餐饮服务的中心地。尽管“中心地理论”的设定偏理想化，其对于“商圈”的特征描述很难与城市发展的实际情况相符合，但学界普遍认可的商圈理论都以此为基础发展而来。我国学者李春雪将城市商圈定义为：以区域内的中心地带为核心向外辐射，对消费者产生吸引力而形成的最大辐射范围的空间。它是由区域内所有商业企业开展经营活动的空间范围和顾客进行消费活动的空间范围相互重叠，进而创造出的一种动态性的空间范围。由此可见，“商圈”是存在于一定空间范围内，受主体功能布局和业态结构等因素影响而产生动态变化的地域空间，其成熟完善程度与宏观环境、相关政策、消费需求变化息息相关。

（二）时尚商圈的特征

时尚商圈是传统商圈在时代进步与消费升级背景下的产物，具备城市商圈的基本特征，但其构成要素体现着时尚产业的特点，即文化包容、创意传播、符号消费、年轻化。笔者认为，时尚商圈无论是区位、产业形态抑或消费群体，都无法脱离城市商圈而孤立存在，但它们并非从属关系。时尚商圈是时尚经济的有形发生场所，在业态分布上，摒弃了城市商圈的部分传统零售业和发生在社区圈层的日常生活消费，取而代之的是具备个性化表达、网络时效性或相对稀有的消费，集合了物质、文化、精神三种消费属性。

1. 区位分布

大部分时尚商圈位于城市的核心地带，是历史悠久、文化气息浓厚、发展较成熟的综合性商圈的一部分，或者毗邻于综合性商圈，交通便利，客流量大且稳定。当然，也有部分时尚商圈在城市更新与旧城改造中应运而生，它们并不局限在城市的几何中心，而是以散点式分布在城市不同区域，如在年轻人口密度大（或新城市人集聚）、交通便利、商业生活气息浓厚的地带。

2. 基础配套

大部分时尚商圈在选址阶段会考虑利用地面与地下空间，设置多层级停车场，预留非机动车停车场所。一些合资建设的时尚商圈在软件装潢上，会植入更具时尚艺术气息的景观小品与装置艺术品，既折射所在城市的历史文化内涵，又彰显浓厚的文化艺术氛围。发展成熟的时尚商圈会专门为消费者设置开放或半开放的休闲区域，不定期举办品牌推广、公益展、创意集市、盈利性节庆等活动。

3. 业态分布看

区别于传统百货“大而全”的零售业态和社区便利店“小而美”的销售模式，时尚商圈深耕时尚主题的产品细分领域，植入的业态更加多元和包容，既有被消费者誉为“国货之光”的时尚服饰品牌，也有国际奢侈品牌的城市或区域首店，还有打破传统零售模式的网红家居、书店、餐饮、茶饮概念店，由此衍生出与品牌主题相关的展览、时尚活动、互动体验和网红直播，集合了网红、艺人、博主、普通人，成为时尚消费人群交流的平台。

4. 目标客群

时尚商圈的主流消费者已经从20世纪百货经济时代的“全家齐上阵”转变为具有不同消费能力和产品需求的“潮奢大咖”“品质实用者”“平价购物狂”和“时尚小清新”等，呈现出年轻化和个性化的特点。他们渴望获取最具时效性的商品信息并结合自身需求就地转化为购买力。对消费者而言，在时尚商圈消费与网络购物最大的区别体现在于体验感，即通过试穿、试戴、试吃获得的快感或抵触感远比网络购物体验更为直接。同时，在满足消费需求的基础上，时尚商圈的消费者往往会以拍照打卡、餐饮休闲、欣赏装置艺术等其他活动延长停留时间。

二、北京时尚商圈的发展历程

北京从元代开始便依托于当时的漕运基础在临近大运河和积水潭的枢纽——钟鼓楼地区建设了第一代商业中心，同时形成的具有影响力的商业中心还有东四银街。在明清和民国时期，前门商业区开始兴盛，旅馆、剧院、老字号饭庄、钱庄票号、美工商店等均坐落于此，商圈业态以满足人们日常生活所需的传统百货、五金为主，鲜有一些丝绸、珠宝商号，为当时的商贾翘楚和官宦望族提供专业服务。本书对北京时尚商圈的发展梳理定位于新中国成立后。

（一）起步期：西单、王府井双核引领

新中国成立以后，北京城商圈呈现出以西单、王府井和前门为核心的三足鼎立格局。在行业构成中，西单以百货和珠宝首饰为主，王府井以服装鞋帽、珠宝钻石、金银首饰为核心，前门则以副食和五金交电、化工类商品居多。西单和王府井商圈是这一时期北京时尚商圈的雏形。

西单是北京城历史上最有文化底蕴的商贾云集之地（图4–1）。新中国成立以后，西单商场进行了多次改造，商业氛围更加浓厚。改革开放后，以西单购物中心、西单赛特为代表的大型商场陆续建成，西单一度成为首都时尚的风向标。直至20世纪八九十年代，西单实现了北京零售业销售“八连冠”，成为中国商业史上的一张名片。王府井大街在历史上是日用百货、五金电料、服装鞋帽、珠宝钻石、金银首饰集聚“日进斗金”之地，也是我国商业从萌芽走向巅峰的典型代表。1959年，随着京奉铁路正阳门东车站（又称前门火车站）由前门迁至东单，王府井的区位优势得到大幅提升，加之内联升、盛锡福、瑞蚨祥、中国照相、四联美发等多家经营鞋履、衣帽、绸缎、呢绒、棉布、皮货、民族服装服饰、发型修剪的店铺坐落其中，王府井成为见证国人吃穿用度和追求时尚潮流的“中国第一街”（图4–2）。

图 4–1　1961 年的西单商场

图片来源：搜狐网。

图 4–2　1955 年的北京市百货大楼（王府井百货前身）

图片来源：王府井集团官网。

（二）发展期：全城布局，中心向外扩散

2000年以后，北京市时尚商圈的发展基本遵循两条路径：

（1）改造升级传统商圈，有选择地保留一些具有情怀的老字号商铺，同时扩充原有商业体量，就地建设大型项目，吸引国内外时尚品牌在此开设旗舰店或专卖店，为消费者提供以美妆服饰类产品为主的到店场景体验。例如，以澳门中心、银泰乐天为代表的新建时尚地标陆续入驻王府井，使其区域商业经营总面积扩大了近一倍。王府井的商业形态经历了从“线”到“面”的变革，品牌集群效应显著增强。同一时期完成相似蜕变的还有西单商圈。随着全面的环境治理和改造建设，西单大悦城、汉光百货、君太百货等时尚商业综合体相继落成，国际顶级珠宝饰品、箱包、服饰品牌纷纷进驻，弥补了过往中高端品牌比例偏低的劣势，从整体上提升了西单时尚商圈的品牌档次。

（2）从中心商业区向三环乃至四环沿线建立时尚商业综合体项目，引进知名时尚品牌，逐渐发展成为新的时尚商圈。从地理区位看，北京二环内及二环沿线、东三环及南三环、东四环及西北四环的新建商业综合体是国际时尚品牌布局的重点区域，但各区域的品牌侧重略有不同。以朝阳区的CBD商圈为例，坐落其中的国贸商城、世贸天阶、银泰购物中心、新光天地（SKP前身）等高端时尚商业综合体于2008年前后相继建成，其目标客群起初以区域内高端写字楼的商务人士为主，而后随着国际一线奢侈品牌阵容不断扩大，消费客群扩展至全国的高收入阶层、明星艺人以及周边的居民。同样位于朝阳的三里屯商圈毗邻大使馆与联合国驻华机构，周边五星级酒店、高档公寓、高档写字楼林立，其建设初衷是填补片区内时尚购物的市场空白。2008年三里屯太古里投入运营，市场定位是外籍人士和生活方式西化的国内白领阶层。太古里开业初期便吸引了诸多国际一线时尚品牌和国内先锋知名设计师品牌，且很多店铺是北京乃至中国首店。凭借开放式购物街区设计和“潮玩文化”的独特氛围，三里屯时尚商圈成为整个朝阳区乃至北京的商业IP与文化IP。除了培育具备强大购买潜力的时尚消费场所，这一时期，北京市还建设了一批为满足广大市民日益增长消费需求的时尚商圈，例如：为解决京西消费者“外逃”式购物而建设的五棵松时尚商圈、为满足学生休闲娱乐需求建设的以快时尚品牌连锁店为主的五道口时尚商圈、为配套外籍人士置业和互联网巨头进驻而建设的望京凯德MALL时尚商圈等。

到2015年，北京市已拥有并成功运营了多个类型的时尚商圈。在空间分布上，它们由城市中心向边缘逐渐扩散，但尚未出现多个商圈聚集中心并由此向外扩散的特征，这与同心圆理论基本相符，说明时尚商圈的发展壮大还没有脱离业态分布的向心性（图4-3、图4-4）。

（三）蜕变成熟期：电商崛起下的场景革命

“十二五”以来，我国互联网经济蓬勃发展，消费者逐渐成为推动电商崛起的主力军。一批商业综合体由于定位同质化和业态单一化，受到电商强烈冲击而纷纷关店，也有一批时尚商圈经历阵痛后抓住互联网的机遇开始转型蜕变。

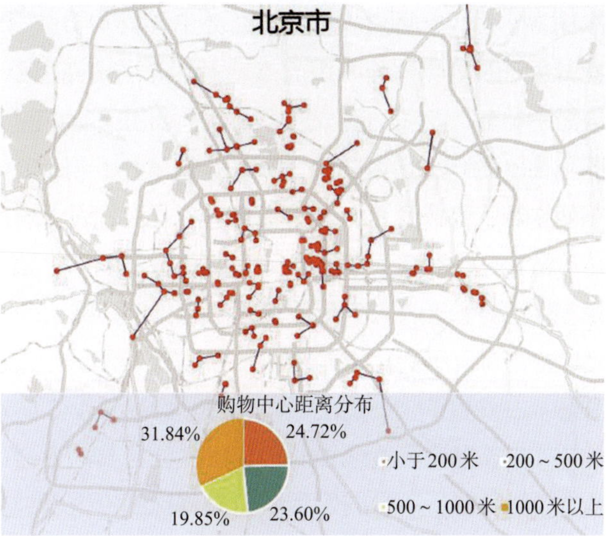

图 4-3　北京市购物中心分布

图片来源：百度地图《2017年第二季度中国城市研究报告》。

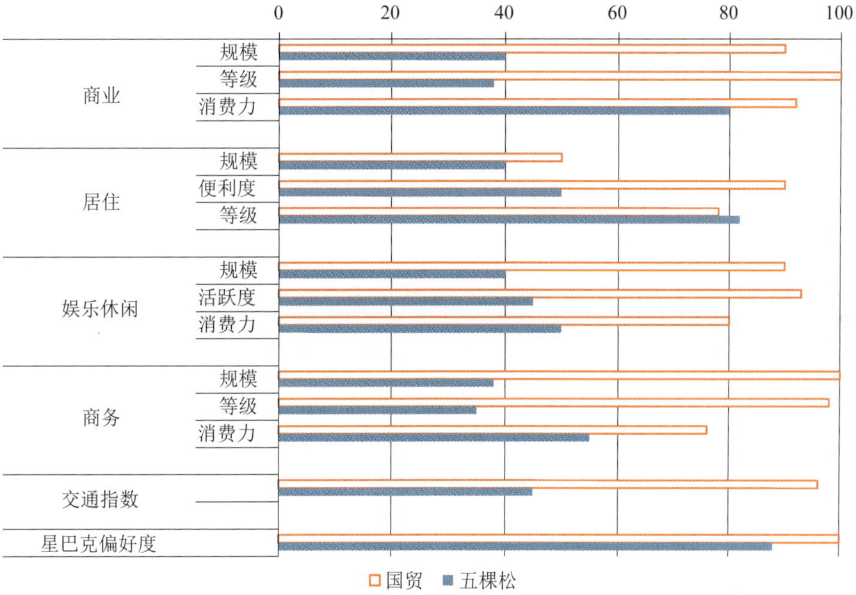

图 4-4　国贸与五棵松商圈核心站点辐射圈功能评分

数据来源：DT财经城市数据库。

图片来源：贝壳研究院，DT财经《北京地铁商圈数据图鉴》。

作为我国互联网业态诞生地之一，北京市的电子商务发展十分成熟。基于此，自2015年以来，受电商冲击，一批根植于单一购物功能的时尚商圈开始转型。

各大时尚商圈积极引入新首店、新业态，同时推出美食街、灯光秀、夜跑等活动吸引消费者，丰富京城的时尚夜生活。通过直播带货、定制消费等方式开展“云逛街”“云课堂”等各类活动，加快商圈的消费体验升级。推动老牌时尚商圈按照“商业+文化+科技+时尚”“老字号+文化+体验”“年轻+时尚+不夜城”等定位改造升级。强大国内市场，培育时尚消费新热点。如2021年初举办的“故宫以东”过大年活动，重点对位于王府井商圈的百货大楼、王府中環、和平菓局、嘉德艺术中心等进行线上聚焦宣传，开展“数字王府井·冰雪购物节”数字人民币试点，大大释放了消费需求。

当前，北京市时尚商圈发展进入蜕变成熟期。一批传统商圈实现了数字化转型，不断拓展消费主体，通过整合外部资源优化商圈结构，搭建新零售平台，重塑“流量商圈”地位，打造多元消费场景。一些时尚潮流地标一方面利用5G、人工智能、大数据技术，打造智慧商圈，通过专项追踪数据化分析，针对性地派发礼品及优惠券，使消费者通过小程序等方式实现“吃、住、行、游、购、娱”一体化服务；另一方面，更多的夜间消费元素被植入其中，丰富文娱业态，打造夜间消费的时尚IP。

三、北京时尚商圈的发展现状

（一）发展质量明显提升

1.传统商圈客流吸引力回升，新兴商圈对周边辐射能力增强

根据2021年2月发布的《北京市商圈活力研究报告》，综合排名前十的商圈依次为国贸CBD、王府井、三里屯、房山长阳、西直门、亚奥、双井、朝外、望京和大兴西红门商圈。其中，位居第一的国贸CBD商圈在市场表现、运营商吸引力、消费力活跃度、创新活跃度和夜间活跃度五个维度中均独占鳌头。传统时尚商圈王府井凭借较高的商业设施集中度和多元化的时尚品牌，展现出强大的消费力活跃度以及商业聚合能力（表4-1）。受新冠肺炎疫情影响，2020年多数时尚商圈在客流量、销售额等方面受到不同程度的冲击，但以朝阳青年路大悦城为代表的新兴商圈，凭借对周边居民强大的辐射能力，依然保持正增长。

表4-1　北京具有时尚特色的部分商圈概览

商圈性质	商圈名称	商业体量（万 m^2）	典型商业项目
核心商圈	三里屯商圈	31.5	三里屯太古里
	国贸CBD商圈	45.3	北京SKP
	王府井商圈	47.3	北京apm购物中心
	西单商圈	43.4	西单大悦城
	望京商圈	65.9	颐堤港
	燕莎商圈	15	SOLANA蓝色港湾
	金融街商圈	17.1	金融街购物中心

续表

商圈性质	商圈名称	商业体量（万m^2）	典型商业项目
次核心商圈	朝青商圈	30.6	朝阳大悦城
	中关村商圈	51.3	新中关购物中心
	亚奥商圈	57.6	新奥购物中心
	双井商圈	34.3	朝阳合生汇
	公主坟商圈	20.9	翠微路凯德MALL
	万柳商圈	21	金源新燕莎MALL
潜力商圈	鲁谷商圈	14.7	石景山万达广场
	丽泽商圈	9.2	丽泽天街购物中西
	天宫院商圈	15	龙湖北京大兴天街
	通州商圈	39.7	通州万达广场
	房山商圈	27	房山首创奥特莱斯

数据来源：赢商大数据中心。

注：商圈性质的判定依据社会消费品零售总额增速、人均购物中心面积、商圈日均客流量、轨道交通数、购物中心首层租金水平与空置率等维度进行综合考量。

2. 新兴创新型品牌增多，商圈时尚活力不断增强

目前，新兴潮流品牌在青年人群集聚度较高的中关村、五道口、亚奥、望京等商圈发展迅速。以五道口为例，作为海淀高校学子心中的“宇宙中心”，五道口商圈在新清华园火车站停运，五道口服装市场关闭后一度陷入发展瓶颈。为留住海淀学子和互联网工作者的五道口情结，更好地服务于周边高知、白领和社区居民，五道口商圈近几年开始转变业态定位和营销策略，一方面结合地铁站改造计划，以去餐饮“低端化”的方式清退不符合区域业态的商户，另一方面引入多元化的时尚潮流连锁品牌主力店，打造集休闲、购物、娱乐、餐饮、文化教育等功能为一体的时尚潮流活力型商圈（图4-5）。

图 4-5　升级改造后的五道口购物中心

图片来源：北京日报报业集团北京日报客户端。

（二）国际品牌高度聚集

近年来，北京市以建设国际消费中心城市为目标，不断吸引国际优质品牌入驻时尚商圈，加快释放原创品牌的市场活力。据不完全统计，2019年北京共引进73家首店品牌（主要指购物中心内首进品牌），其中国际品牌49个，占首店总体数量的67%（图4-6、图4-7）。根据《2019北京国际品牌发展报告》，国际一二线大牌普遍青睐北京的核心时尚

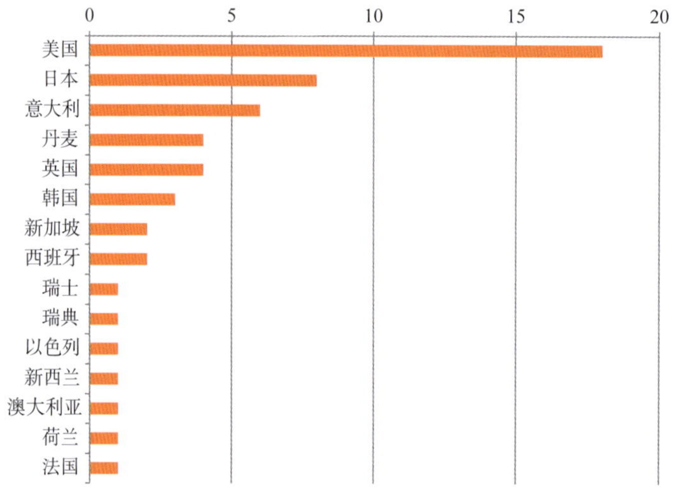

图 4-6　2019 年北京国际首店品牌属地分布

图片来源：凤凰新闻。

数据来源：RET睿意德中国商业地产研究中心。

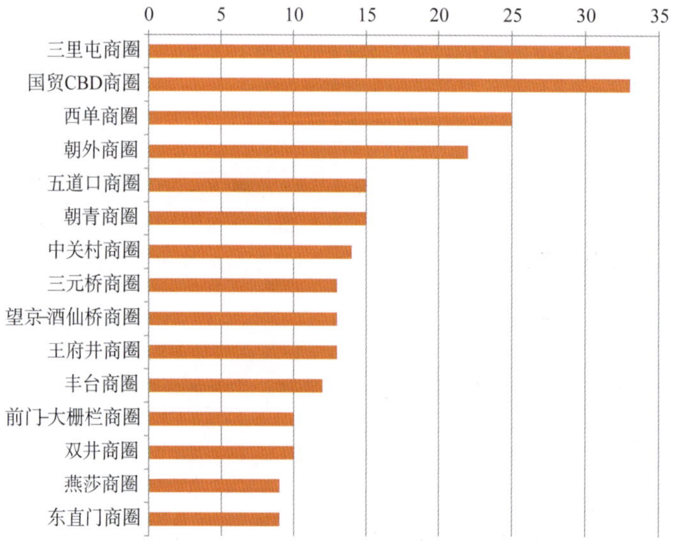

图 4-7　2019 年北京首店引入数量 TOP15 商圈

图片来源：搜狐网。

数据来源：RET睿意德中国商业地产研究中心。

商圈和顶级商场，呈现高度聚集的分布特征。例如，路易威登、香奈儿、古驰等国际时尚品牌集中分布于国贸商城、SKP、王府中環、老佛爷百货、侨福芳草地、朝阳合生汇、蓝色港湾等商业氛围活跃和高品质消费群体稳定的商圈。三里屯太古里和国贸商城在2019年分别吸引13家和12家国际时尚品牌的首店入驻，其中大多是知名品牌的形象店、概念店、体验店、精品店等。

（三）商业布局不断优化

当前，北京一些发展相对成熟的时尚商圈除了时尚零售和餐饮外，还具备休闲体验、艺术观赏、便利服务、文娱景观等多元业态功能。这些商圈的战略布局不再局限于传统招商，其商业触角延伸至沉浸式体验、自营买手店等。例如，改造后的王府井百货大楼引入首个老北京沉浸式体验空间——和平菓局，成为“网红打卡地”，月均销售同比增长30%。

同样重新定义传统零售经营模式的还有SKP。从2014年开始，SKP从地下一层至地上五层布局自营买手店“SKP SELECT”，集合了数百家国内外设计师品牌，特别是一些小众的国际时尚品牌。除了招募自营买手团队进驻，北京SKP在非零售区设立了比传统购物中心数量更多、面积更大的先锋艺术装置，即用艺术、科技来串联零售，吸引越来越多的国际品牌为SKP提供定制款商品。尽管受新冠肺炎疫情影响，线下零售业在2020年整体遭遇冲击，但北京SKP的销售额依然达177亿元，实现两位数增长，单店销售额、每平方米销售产出均为全球第一，不仅连续十年蝉联中国“店王”，而且首次超越英国哈罗德百货，问鼎全球“店王”（图4-8）。

图4-8 北京SKP自营买手店

图片来源：SKP官网。

（四）政策支持效果显著

在政策实施上，北京市先后出台鼓励发展商业品牌首店的若干措施，提升时尚商圈的品牌引进效率。2018年，北京市发布了《北京国际消费枢纽城市建设行动计划（2018—2022年）》，提出到2022年，将北京打造成特色突出、品质高端、功能完善的国际消费目的地；到2035年，全面建成具有国际影响力的国际消费枢纽城市。其中，朝阳区于2019年出台《朝阳区促进消费升级工作方案（2019—2021年）》，鼓励繁荣夜间经济消费业态，成立商圈改造指挥部，发展首店经济、夜间经济、网红经济。截至2020年底，全区共引进各类首店占北京市近五成，吸引了Apple亚洲首家最高级别旗舰店等一批国际高端品牌、时尚前沿品牌落户，"潮牌"和"网红店"等时尚轻奢消费蓬勃发展。海淀区出台《海淀区提升消费能级提高生活品质三年行动计划（2019—2021）》，打造六大夜间消费聚集区，通过实施商圈整体环境优化提升、交通系统改造、公共服务设施升级、区域特色营销活动等一系列措施，实现商圈由传统百货向"主题商业街区"和"时尚、智慧、社交型"商圈的转型。

2021年，北京计划开展超100场首秀京城品牌在线上线下联动推广活动，已发布国际品牌和新国潮时尚新品万余款，在全市发放首店消费礼包800万个，以首发吸引首店，以首店带动首发，助力时尚商圈和国际消费中心城市建设。

（五）大体量商圈竞争激烈

随着北京城市建设步伐的不断加快，不同环线路相继开通，形成了多层次、分散化的商圈格局，具体表现为：由过去集中于三环以内分布，变为分散于三环至四环沿线甚至到五环外。一些大体量的时尚商圈受客观因素制约也在面临现实性的问题。

1. 交通压力接近饱和

时尚商圈的发展需要旺盛且稳定的消费群作为支撑，大量客流前往商圈势必为北京高峰期趋近饱和的交通造成更大压力。车流和物流的交织一定程度上影响了交通，长时间拥堵会为消费者带来心理上的困扰，极大地降低了商圈对于远距离消费者的吸引力。

2. 业态种类趋同

以寸土寸金的国贸CBD商圈为例，过高的店铺租金使支付能力较低的业态望而生畏，平价餐饮、休闲娱乐店铺在夹缝中求生存，最终形成了档次高、专业化程度强的高端零售业态聚集的单一局面。平日里商圈写字楼的繁华和高端店铺的门可罗雀形成了鲜明对比。

3. 部分高端品牌过度集中

一些时尚商圈定位偏向单一的高端市场，目标客群范围相对狭窄，造成了商圈内同种市场定位的品牌对具有强大购买力的客群争夺十分激烈。同时，随着其他时尚商圈对同种类型品牌的陆续引入，经营顶级品牌的商铺无论是经营特色还是店铺设计都不存在明显优势。

四、北京时尚商圈的发展建议

北京因"都"而立，因"都"而兴。作为国际化大都市，北京在全国率先成为商品消费跨入万亿元的城市，率先形成以消费拉动为主的经济发展格局，率先建立了市场总消费统计体系和增长促进机制。当前，时尚已成为首都经济社会发展过程中不可或缺的重要组成部分，不断丰富着消费者的物质文化生活，并逐渐渗透到经济领域，成为拉动经济的新增长点。在“双循环”背景下，要推动开放创新与消费回流，作为消费品承载地和集散地的时尚商圈必将发挥重要作用。面对激烈的市场竞争和强大的数字经济赋能，北京的时尚商圈只有抓住机遇拥抱变化、探索消费新业态，才能实现实体商业的高质量发展。

（一）优化空间规划布局，提升品质与发展活力

不同体量的时尚商圈在规划建设中均存在不同程度的盲点，比如，分布过于密集的商圈容易造成恶性竞争；分布稀疏且位于城郊的商圈在基础配套方面建设滞后，而居民在节假日开私家车前往又会造成交通拥堵和环境污染。北京的时尚商圈主要集中在五环以内，沿着地铁呈环状向外扩展分布，未来随着城市建设步伐的加快，在五环沿线与郊区交界将依托现有的大型商业综合体，例如，东五环外的长楹天街、通州万达，西部房山区的龙湖天街、城南的大兴西红门北京荟聚、城北的昌平龙德广场等不断涌现新的时尚消费商圈，一定程度上弥补了全市时尚消费载体分布不均的问题，但时尚商圈的培育需要在基础设施配套和内部环境营造方面下功夫。

1. 做好时尚商圈的外部动线规划

要想解决城郊商圈周末停车场出入口拥堵，停车位一位难求的问题，就要充分考虑停车场的设计是否人性化，主入口与周边交通的接驳是否合理，建议在周边临近的公交站、地铁站增加导视牌。针对节假日与平日客流差异显著的问题，建议采取分时段灵活管理的方式，为客流进入商圈提供便捷。

2. 做好时尚商圈内部规划与配套

交通动线设计应充分考虑消费者的购物习惯，合理分配不同主题楼层的浏览线路。同时，可以在商圈各局域之间共享开放式阶梯，设置多经营点位的休息区，加强品牌店铺标识、景观小品的设计新意。在相关配套中可以植入更多的国际化元素，如多语种便民设施、服务设施、多语种导视、导购服务等。

3. 打造多元化、充满活力的时尚消费场景

时尚商圈的活跃程度直接影响所在区域的综合竞争力，建议未来不断完善五环沿线大型特色商圈，在平日举办全时性的创意互动活动增加人气，吸引不同年龄层消费者参与，例如，鼓励花车、夜间后备箱集市，举办三人足球赛、小型滑板活动，满足五环外常住人口的文化娱乐需求，营造时尚商圈的良好氛围。同时，依托城市功能布局，培育新型时尚商圈，例如，依托通州张家湾设计小镇，健全与国际接轨的产业服务体系，持续导入上下游服务平台，加强时尚消费配套；借力冬奥会，加快新首钢高端产业综合服务区建设，打造集时尚创意、科技运动、美食体验于一体的城市新地标；按照丰台大红门“首都商务新区”和“建设有世界影响力的文化艺术新中心”的战略定位，积极探索非首都功能疏解后的土地及空间利用，引进文化创意、时尚等新兴业态。

（二）调整商圈业态结构，推动实体零售创新转型

1. 传统商圈的改造要把握商业从大而全转向时尚化、差异化、体验式的趋势

以王府井、西单为代表的城市中心综合性商圈，其目标客群涵盖的年龄层跨度大，各业态的比例更为均衡，既满足中老年消费者的传统购物需求，又满足游客的休闲餐饮需求，也能为有孩子的中青年家庭提供亲子休闲服务。建议复制推广望京小街改造引入社会资本、市场化运作的经验，继续发掘培育网红打卡地，引导企业做好后半篇文章。支持老字号守正创新，留住常客，吸引年轻人。

2. 重点商圈提升服务品质，打造全球消费目的地

以国贸、侨福芳草地为代表的区域型高端时尚商圈，主要功能是服务于周边办公的商务人士和辖区内具有较高购买力的居民，他们更注重高品质的消费体验与服务。因此，该类型商圈业态应与所在区域的国际商务特色或文化艺术氛围相匹配，既不能引进大而全的业种造成过度的拥挤喧闹，也不能因对小而精的业种严苛筛选流失忠实且有强大购买力的人群。建议将离境退税商店设到重点商圈，扩大“即买即退”试点范围，促进境外消费回流。

3. 新晋商圈要做好“文化+”文章，打造时尚品牌活动首选地

以五棵松华熙LIVE、新首钢为代表的商圈，其目标客群是充满活力的年轻人，他们对新兴业态和小众时尚品牌的接受程度较高，喜欢文化创意和元气满满的消费环境，同时有购物、餐饮、娱乐等多重消费需求。因此，这类型商圈应结合城市更新打造文体新地标，支持博物馆、图书馆、剧院、实体书店发展，满足消费者除时尚购物外更加丰富的休闲需求，突出时尚文化与动感活力（图4–9）。

北京时尚商圈的业态优化既要顺应消费升级趋势，又要更好满足市民对美好生活的需要，明确功能定位与市场客群，使其更好地参与到城市商贸流通产业的分工协作中。时尚

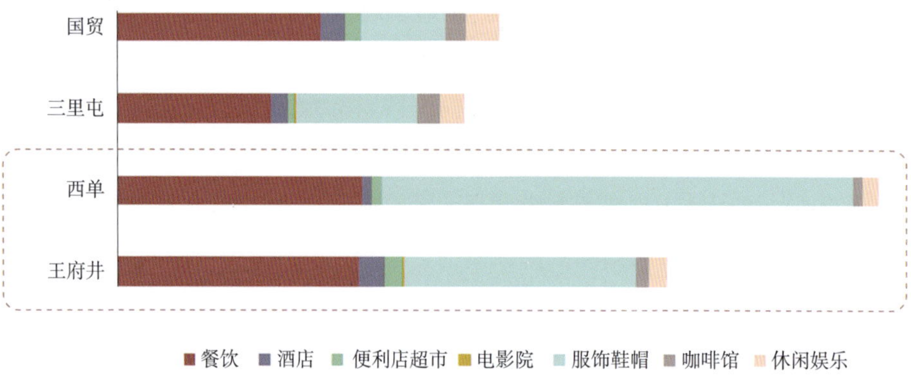

图 4–9 北京部分时尚商圈的业态结构

数据来源：第一财经·新一线知城数据平台。

图片来源：戴德梁行《2020商业步行街改造提升白皮书》。

商圈要在保证业态供给的基础上转型提质，新兴商圈要加强业态创新与科技赋能，从供需两端发力，扩大有效供给，创造和培育时尚消费新需求。

（三）加强新型基础设施建设，以数字化重构消费场景

我国“十四五”规划纲要指出：要全面促进消费、培育新型消费，发展信息消费、数字消费和绿色消费，鼓励定制、体验、智能、时尚消费等新模式新业态发展。2021年，随着新冠肺炎疫情的逐渐消散，北京市线下零售业呈现“触底反弹”态势，以时尚产业为特色的商圈数字化进程不断加速，数字化能力将成为影响商圈高质量发展的重要因素之一。

1. 充分发挥数字化优势，将线上流量转化为线下购买力，实现流量变销量

在新零售时代，多数时尚商圈通过发放优惠券、直播带货、内容种草、到店取货、送货上门等方式成功实现线上流量线下导入。未来，建议北京的时尚商圈可以根据自身特色进行分类串联，形成商圈联盟，同时着重科技场景应用，融合商圈与会员信息，优化用户体验。例如，用户通过加入任意一家联盟商圈的会员，绑定车牌信息，便可以在联盟其他商圈享受零手续停车、“刷脸支付”“支付即开票”等便捷的服务。

2. 融合数据与场景设计，打造智慧零售模式，释放区域消费潜力

建议抓紧投放一批数字零售、数字人民币等消费应用场景，鼓励“AR试穿”“VR购物”等体验式场景。部分传统时尚商圈可以通过小程序打卡、优惠券发放、屏幕互动游戏等多种形式对商圈内的客流进行重新调配，强化消费者参与感。通过打造沉浸式体验、线下科技联动等智能场景延长其停留时间，提升游览深度。

3. 在基建层面，加强对商圈的精准管理

建议联合阿里、京东、百度等知名互联网企业，利用5G整合商圈内楼宇、店铺、人流、设施等多维度数据，加强对商圈内消费群体的信息采集、储存、分析。同时，在基础条件较好的时尚商圈试点AR全景一站式购物和5G示范消费体验中心，借助5G和面部识别技术，实现消费者“进店即会员”和“到店即识别”功能，系统依据过往消费习惯推荐购物路线。

（刘雅婷　北京服装学院中国时尚研究院
李德亮　中咨海外咨询有限公司）

参考文献

[1] 沃尔特·克里斯塔勒.德国南部中心地原理[M].北京：商务印书馆，2010：94-207.
[2] 李春雪.北京城市商圈发展研究[D].北京：首都经济贸易大学，2012.
[3] 戴学珍.北京市商业中心变迁考[J].数据，2007（8）：12-13.

[4] 仵宗卿，戴学珍. 北京市商业中心的空间结构研究[J]. 城市规划，2001（10）：15-19.

[5] 新华网. 89岁西单商场与12岁西单大悦城的隔空对话——从百年商街上两个商场看消费变迁.

[6] 靳伟胜. 北京时尚商圈中服装品牌建设现状及策略研究[D]. 北京：北京服装学院，2015.

[7] 杨楠楠. 国际"快时尚"服装品牌商圈选择及影响研究——以北京市场为例[J]. 当代经济，2015（3）：66-67.

[8] 张宏伟. 北京市城市商圈的空间分布特征及演进趋势[J]. 商业经济研究，2019（15）：146-149.

[9] 新华网. 新消费升级提速　北京市将全力打造国际消费中心城市.

[10] 北京市东城区人民政府. 营收占全市近一半！东城春节消费市场强劲回暖.

[11] 陈琳. 北京商圈活力研究报告"出炉"这三个地儿综合排名前三.

[12] 央广网. 北京海淀出台扶持政策　打造六大夜间消费聚集区.

[13] 李琳. 2019北京首店大数据发布！近七成来自国外品牌. 赢商网.

[14] 悠然. 北京SKP何以问鼎全球"店王"[N]. 北京：中国服饰报，2021-02-26（23）.

[15] 朝阳区人民政府. 朝阳区发布新开放新消费三年行动计划.

[16] 北京日报客户端. 首店爆发式增长，一季度共207家首店在京开业.

[17] 王芳，牛方曲，王志强. 微观尺度下基于商圈的北京市商业空间结构优化[J]. 地理研究，2017，36（9）：1697-1708.

[18] 常英伟. 北京CBD商业集聚研究[D]. 北京：首都经济贸易大学，2013.

[19] 闫立刚. 做新时代首都商务的答卷人[J]. 前线，2018.

第五章　北京时尚产业与科技、教育融合发展研究

当前，随着新一轮科技革命和产业变革的深入发展，时尚产业与科技、教育正在走向深度融合，带来了时尚消费模式、时尚生产方式和时尚产业边界的变量革新和增量释放。在强化“四个中心”功能建设和打造国际消费中心城市背景下，时尚产业将会被赋予新的内涵与新的使命，高质量时尚教育体系将日益完善。因此，积极开展北京时尚产业与科技、教育融合发展研究，有利于探索形成具有北京特色的时尚、科技与教育融合发展新路径，对科学配置产学研资源、促进时尚产业高质量发展都有一定的促进作用。

一、时尚产业与科技、教育的相互关系

（一）时尚产业为科技、教育发展创造新需求

当前，时尚既是以文化和艺术引领的服装服饰的审美，也是以科技为支撑的数码、家居等消费品追求，更是受大众喜爱、追捧的生活方式。随着对时尚的界定范围不断扩大，时尚产业的快速发展必然需要与更多领域开展跨界融合，也需要更多的要素资源来支撑。其中，时尚产业正积极将科技引入行业本身，主要体现在技术上体现科技、产品中蕴含科技以及应用更加科技化，这些都极大地促进了时尚领域的产业技术研究和创新成果转化。诸如耐克公司的Flyknit技术源自时尚与运动的融合，3D打印技术、虚拟现实技术（VR）、增强现实技术（AR）、大数据也是在新型时尚电子消费品、特色消费数字场景、社交营销购物等领域的发展下得以实现技术的快速迭代和场景的广泛应用。与此同时，面对新市场、新需求、新技术、新产品带来的对卓越创新设计人才的新需求，时尚教育需要切实反映并解决新型人才培养需求。特别是要做好理论教学与实践应用的结合，要以提升时尚创新、创意创业所需的交叉、综合能力以及运营、管理能力的培养与提升为目标，推进时尚教育的发展和创新。

（二）技术革新是时尚产业创新发展的根本动力

每一次科技的重大进步都为人类的生活方式带来巨大的改变，科技进步一直是以服装行业为代表的时尚产业发展的重要引擎。20世纪以来，各种新面料、新材料的发明并被运用到服装服饰设计制造中，实现了服装服饰行业的创新发展。例如，历经几十年，诞生

于科技下的尼龙材料历久弥新，在今天还受到年轻群体的追捧，并成为Prada品牌的标志之一。进入21世纪，随着信息技术的快速革新和广泛运用，时尚电子消费品、时尚媒体、时尚展览得以迅速发展和壮大。3D投影技术、可穿戴设备、AR和VR技术以及电子商务与时尚融合，为消费者带来别具一格的时尚消费体验。特别是随着人工智能、大数据等技术的发展，时尚从业人士可以通过人工智能结合大数据分析、归纳、总结出时尚流行趋势，推动柔性制造、定制化生产等新兴制造模式的应用与推广。此外，新经济、新零售和新技术的发展预示着未来商业迭代与升级必然发生变化，推动整个时尚商业生态的发展和重构，全面促进品牌创意、创新的更高需求。“十四五”期间，新一代信息技术和新型基础设施建设，将成为我国时尚产业数字化转型的核心驱动因素。总体而言，时尚产业原有的要素驱动、规模发展模式难以为继，在传统政策效应不断减弱、消费变革和消费升级诱发供需错配、国际市场持续低迷等外部因素影响下，创新驱动和技术革新将是新时期时尚创新发展的根本动力。

与此同时，科技进步是时尚教育变革的重要动力。一是科技进步推动时尚教育学科体系变革，特别是科技驱动背景下与时尚相关的新兴学科、交叉学科、边缘学科与横断学科异军突起，促进时尚教学研究领域不断地拓展。二是科技进步带来了教学新手段、新方式和新平台，时尚教育手段信息化、教育智能化、教学资源数字化等正成为时尚教育技术研究的主要方向，时尚买手、时尚新零售与品牌转型、时尚媒体传播、时尚定制、非遗文化传承等内容正成为当前时尚教育新的研究对象、教学案例和教学素材，进一步提升了时尚教学的质量和效果。

（三）教育是时尚与科技交融共创的重要纽带

纵观全球公认的四大国际时尚之都，巴黎、米兰、纽约、伦敦均有世界顶级的时尚教育资源，并为所在城市的时尚科技创新和时尚产业发展提供重要支撑。

当前，在产学研融合发展的大趋势下，跨学科的合作是推进时尚与科技成功交融共创的关键。北京服装学院积极加强与龙头企业、行业协会、科研机构、地方政府的合作，采取联合办学、共建研发平台、订单式培养等方式，使时尚教育逐步成为推动时尚科技与产业发展的人才基地、引领时尚科技变革和产业革命的理论先导以及时尚文化传承与创新的中心。东华大学组建多个跨学科团队，在数字互联、智能制造等多学科交叉领域形成了一系列专业化研究设备和成果。此外，国内诸多高校也积极推动传统工艺与现代科技融合，让传统技艺“活在当下”，让“指尖经济”助力精准扶贫。未来，时尚类高校将逐步成为集人才培养、科学研究、科技服务、行业咨询于一体的新型实体，实现教育、时尚、科技的交融共创。

二、北京时尚产业与科技、教育融合发展的成效

（一）三者融合成为“四个中心”建设的重要抓手

“十三五”以来，加强“四个中心”功能建设、提高“四个服务”水平是北京经济社会发展的重中之重。其中，通过加强时尚、科技与教育融合发展，致力于时尚文化价值与美学内涵的挖掘与引领，有效健全时尚技术体系、产业体系、市场体系，扩大了中高端时尚人才的供给培养，为“四个中心”，特别是为全国文化中心建设提供了重要支撑。

1. 时尚消费成为全市文化消费的重要组成部分

第八届北京惠民文化消费季“2020北京文化消费品牌榜”发布，“2020北京时装周”荣登“十大文化艺术活动”榜单。这是北京时装周继2018年、2019年上榜“十大文化展演活动”后，连续第三年上榜。2020北京时装周分别在新首钢高端产业综合服务区、王府井、北京隆福文化中心、方恒时尚中心、京工时尚创新园、铜牛电影产业园等地举办丰富多彩的时尚活动。时装周期间线下流行发布、论坛及展会到场参与观众近2万人；线上参与观众与媒体覆盖率显著提升，线上直播观看总人数超过6000万，单场全网直播峰值突破800万；官方微博北京时装周相关话题阅读量近2亿，今日头条话题阅读量超过730万次。北京时装周已成为北京时尚文化向世界发声的重要平台。

2. 科技创新资源不断融入时尚创意设计产业发展

北京是全球十大科技创新中心之一，聚集了全国80%天使投资人、1/3股权投资机构。近年来，围绕高精尖产业体系建设，积极引导更多科技创新资源融入设计工作，推进文化创意和设计服务对产业发展的融合渗透，打造创意经济发展模式。例如，北京市聚焦设计助力国际科技创新中心建设，每年开展北京工业设计促进专项申报工作，重点在工业产品设计、制造业（工业）工程设计、服装时尚设计等设计类别企业内，每年评选一批在本市设计领域中做出突出贡献的个人和机构，给予后补贴方式的资金支持。

3. 以教育为纽带，产学研协同创新促进行业高质量发展

北京市属高校——北京服装学院，是目前我国唯一一所公办的服装时尚类艺术院校，多次被全球知名商业杂志《经理人世界》（*CEO World*）、英国《时装商业评论》（*Business of Fashion*）等评为中国最好的时尚高校。北京服装学院高度重视教育、科技与产业的融合发展，累计获得七十余个国家、省部级获奖项目，拥有中关村服饰时尚设计产业创新园，并与诸多城市合作共建时尚产业园区，协助相关城市促进当地时尚产业转型升级。中央美术学院2017年成立了艺术与科技中心，致力于打造集教学、研究与创作为一体的跨学科、跨界域的新型教研及创新基地。自2017年开始，中央美术学院还定期举办科技艺术教育国际大会，邀请来自艺术领域和科技领域的精英，从国际视野和未来发展的角度，围绕对科技与艺术的多元思考，进行了深入的交流和沟通。

（二）新发展格局正引导形成三者融合的新方向

当前，北京市积极打造国际消费中心城市，但时尚教育水平、时尚艺术原创能力、高端时尚人才资源等方面与国际一流水平仍有一定差距。因此，北京市委领导批示“要争先进位，办好服装学院”，对北京服装学院寄予厚望。从上述政策语境中可以看出，新时代背景下文化与科技融合是文化产业高质量发展的重要动力，做大做强时尚教育对于提升城市时尚要素资源聚集能力有重要促进作用。

“十四五”时期，构建以国内大循环为主，国内、国际双循环的新发展格局是国家应对复杂多变的国际政经形势的重大决策。因此，在此背景下，应坚定不移实施扩大内需战略，从需求侧引导供给侧的结构变革，加速由北京悠久历史文化资源形成的巨大文化势能向动能转化，将时尚资源进行要素转化，成为驱动时尚发展新动能。一方面，北京现有服装服饰企业要强化自身基础科学研究，加快服装基础数据库及有关数字化服务平台建设；全市进一步完善产学研用相结合的科技创新体系，重视面辅料绿色环保、舒适健康、差别化、功能化等方面的研发和应用，提升时尚产品设计水平，提高时尚产品档次和附加值等。另一方面，通过时尚与科技、时尚与教育的跨界融合，能够催生更多的时尚消费场景，衍生出更多的时尚教育方向和课程，提升科技、教育服务时尚产业的综合能力。特别是借鉴全球公认的国际时尚之都经验，通过国际合作、产教融合等方式，将时尚教育和时尚科技培育形成新的时尚经济增长点和时尚消费热点。

（三）数字经济加速三者融合的模式和路径创新

“十四五”规划纲要首次明确2035年我国建成文化强国的目标，要“实施文化产业数字化战略，加快发展新型文化企业、文化业态、文化消费模式”，这标志着我国文化与科技融合发展进入新的历史阶段，也为时尚与科技、教育融合提供了一定的政策引导。

近年来，无论是线上时尚购物、数字时尚内容还是线下时尚产品消费和形式多样的时尚活动，新技术的变革应满足多元化的时尚消费诉求，时尚产品形态持续更迭。特别是受新冠肺炎疫情的持续影响，传统的线下时尚消费受到抑制，对传统时尚购物场所、文创行业、影院等线下实体文化产业形成了巨大冲击。大众对于线下时尚消费的需求线上化，倒逼线下供给侧转型，大量的时尚活动搬上“云端”，云直播、云走秀、云展览、远程教育、社交购物等，加快了逆向O2O（Offline to Online）发展。随着线上渗透率的提升，购物者对数字化交互的要求愈发精细，消费者的代际普及度、用户黏性和消费多元化水平均有所提高，时尚企业必须综合运用大数据、人工智能等新一代信息技术，改善线上体验和渠道组合，寻找引人入胜的方式拓展个性化客户体验。总体来看，数字技术助力时尚发展的有利环境正在形成，从“单点技术”到“多技术与多场景运用”、从“数字个体”到“平台化服务”、从“弱人工智能”到“感知增强”，数字技术助力时尚发展的关键能力正在进化。

此外，随着新基建政策出台，新基建的规划建设必将成为驱动时尚、科技、教育融合发展的技术基础，共同推动时尚产业的全链条革新。例如，在生产环节，大数据和人工智能可以精准预测市场消费趋势和需求变化，从而推进柔性制造和定制化制造模式，有效控制库存；5G+4K、5G+8K 高清视频直播成为5G时代视频直播新形态，构造多屏、多视角的超清直播新场景，为直播购物、社交购物、远程教育提供技术支撑。在流通和消费环节，技术再造时尚产业内容产品的流通渠道，压缩了内容分发环节，并且将消费和流通非常鲜明地与“场景”结合在一起，呈现出“场景化流通、数字化消费、沉浸式体验”的特点。在管理监测环节，诸如北京市的文化产业大数据监测分析平台，以文化产业企业数据为基础，通过整合权威、精准的政务数据和动态、多维、广泛的互联网数据，依托大数据、云计算和人工智能等技术对数据进行挖掘分析，展示多维度文化产业类信息，形成数据整合、特征构建、风险研判、可视化结果自动输出的智能化文化产业监测体系。

三、北京时尚、科技与教育融合发展的问题与挑战

（一）三者协同发展水平有待提升

1. 时尚教育滞后于产业、科技的发展

现有的人才培养体系、教材体系、课程体系的更新速度难以匹配技术革新和产业变革的速度，部分教学内容缺乏时效，人才培养模式还处于以课堂教育为主的层面，学生实习实训机会相对不够，造成学生的动手能力与行业、企业的需求有较大偏差。

2. 时尚产业体系配套能力弱

随着一般制造业的疏解，北京市时尚产业体系配套能力弱，造成产业缺乏上游原材料供给及下游样品生产制造的配套，这对相关科技创新成果快速的转化带来一定阻碍。

3. 融合发展仍处于多方小范围合作阶段

北京市相关的融合发展还处于部分企业、科研院所、高等院校的点对点或者小范围的多方合作阶段，涵盖更多中小企业、行业联盟、教学科研主体的时尚、科技与教育融合发展生态系统亟待建立和完善。

（二）三者融合发展的领域有待深化

至2020年底，北京市三次产业比重为0.3∶15.8∶83.9，市场总消费额达到2.53万亿元，以现代服务业为绝对主导的产业结构，使得北京时尚、科技、教育的融合发展主要体现在时尚设计、时尚活动、时尚消费等领域，在面向前沿技术的研发、新型基础设施的建设、产业链集群的打造、生态系统的构建、商业模式的创新等方面还未见有明显的成效，跨领域、跨行业的融合发展还有待增强。

（三）三者融合发展的要素资源保障能力有待增强

时尚、科技、教育的融合会产生一系列新业态、新模式，旧有的行业监管要求和要素资源配置制度与这些融合新业态、新模式之间存在冲突和矛盾，使融合发展中面临行业界定不清、发展空间不足、人才引进困难、资金扶持不利等问题。此外，随着北京“四个中心”功能和国家服务业扩大开放综合示范区、自由贸易试验区的不断深入，一系列改革开放举措会进一步推广应用，时尚产业也应抓住这一历史机遇，围绕时尚、科技、教育融合发展过程中的体制机制，争取在重点领域获得先行先试的政策支持，从而有效提升三者融合发展的要素资源保障能力。

四、北京时尚、科技与教育融合发展的对策建议

（一）着力构建数字时尚经济发展新格局

“十四五”时期，在人工智能、大数据、云计算、物联网等数字技术的支撑下，数字经济的作用和地位将不断提升，新型数字消费、数字生产、制造业服务业数字化融合、数字化网链、数字化产业生态、数字化资源配置等都将有显著提升，数字经济将成为我国经济增长的重要动力。当前，北京数字经济占GDP比重为38%，竞争力居全球城市第八位，人工智能企业、区块链企业集聚度居全球城市前列。“十四五”时期，北京市将加快数字技术与经济社会深度融合，打造成全球数字经济标杆城市。因此，着力构建“数字时尚经济”发展新格局，将成为北京时尚、科技、教育融合发展的新方向。

1. 充分利用数字技术，推进时尚文化的要素化、标准化开发

积极转变发展理念，要将时尚作为关键元素融入服装服饰、电子消费品、城市规划建设、文化传播、市场营销等领域。围绕内容创作、设计制作、展示传播、信息服务、消费体验等文化领域关键环节，推动人工智能、大数据、超高清视频、5G、VR等技术应用，促进传统文化产业数字化升级，培育新型时尚文化业态和时尚文化消费模式。在此过程中，北京可以依托设计之都及文化创意产业发展基础，借鉴国家文化大数据联盟及《国家文化大数据标准体系》（T/NCBD 1—2021）的做法，研究制定出台覆盖基础、监管、供给端、生产端、云端和需求端等环节的数字时尚数据体系，规范时尚大数据服务与监管模式，促进知识共享，降低研发成本，推动数字时尚经济健康、有序发展。

2. 依托制造业与现代服务业融合发展，促进时尚创意的快速转化与充分产业化

充分依托北京市先进制造业和现代服务业融合发展试点和全面推进北京市服务业扩大开放综合试点工作，以数据和技术为核心驱动，以体制机制改革创新为制度保障，推动时尚内容生产流程数字化、时尚创作主体专业化和时尚内容生产工业化，实现时尚创意的快速商品化、时尚传播的多渠道化和时尚消费的大众化，从而有效提升时尚经济的规模扩张和效益提升。

3. 围绕国际消费中心城市建设，构建时尚消费沉浸化、多元化场景体系

充分运用5G、AR和VR、物联网等新一代信息技术，结合全市首店经济、夜间经济等发展举措，以三里屯、蓝色港湾、国贸、望京等商圈为试点，打造数字化沉浸式时尚消费空间，促进时尚消费从“部分沉浸”向“到场体验”的转变。抓住北京市服务业扩大开放综合试点，大力发展跨境时尚文化贸易，搭建时尚文化贸易公共服务平台。加快推动跨境电子商务综合试验区发展，高水平打造跨境电商示范体验店，研究完善市内免税店税收政策。

4. 对标全国文化中心和国际交往中心建设要求，强化时尚文化的价值化引领

全国文化中心和国际交往中心是北京“四个中心”功能定位的重要组成部分，是国家赋予北京的重大政治任务，需要北京市持之以恒地推进建设。在推动时尚、科技、教育的融合发展，构建数字时尚经济发展新格局过程中，要积极对标全国文化中心和国际交往中心建设要求。其中，要通过教育传承和科技赋能，做好中国传统文化符号的时尚化再造，并通过VR植入场景、高清实时直播、社交媒体传播等方式，真正“讲好北京故事、发出中国声音”；要切实办好北京国际电影节、北京国际设计周、北京国际音乐节等时尚品牌文化活动，助推国际时尚文化交流；要加强时尚教育国际交流合作，推动更多优质时尚教育资源、中高端时尚人才在北京集聚。

（二）深化时尚、科技、教育融合发展领域

1. 加快推进时尚科技的基础研究、创意转化和商业应用协同发展进程

一方面，建立北京市相关单位与在京高校、科研院所的深层次对接机制，加强相关领域的基础科学研究，加快时尚产业基础数据库及有关创意设计、柔性制造、供应链管理、市场营销等数字化服务平台建设。另一方面，进一步完善产学研用相结合、跨界融合、协同发展、开放合作的科技创新体系，在新材料的研发转化、常规面辅料绿色环保、专业领域功能化要求、特殊人群差别化需求等领域加强创意转化。此外，要依托新一代信息技术及初创型企业，推动相关科技创新成果和前沿创意设计加快商业应用进程。

2. 以“时尚IP+”“时尚内容+”“时尚数据+”促进时尚、科技、教育深度融合

（1）以“时尚IP+”为核心，拓展知识产权、投融资领域合作。研究将时尚文化资源进行数据化提取和原创性设计等开发，形成全新的知识产权包，推动IP周边的衍生授权、空间场景授权、品牌合作推广等不同形式的知识产权转让、合作，创造“时尚IP+文旅”“时尚IP+商圈”“时尚IP+实体商品”等合作模式。在此基础上，探索知识产权证券化，积极推动知识产权质押贷款新模式，鼓励多方资源更多投向时尚科技研发及商业应用，促进创新链、产业链、资金链深度融合。

（2）以“时尚内容+”为纽带，通过社交媒体、内容电商、线下体验等载体，积极推广时尚价值理念和时尚生活方式，促进时尚经济从关注流量的内容营销向关注实际效益的

销售转化。

（3）以“时尚数据+”为特色，拓展时尚、科技、教育融合发展新领域。要推动企业、高校、科研院所、消费者等多个主体之间资源信息的共享，培育规范的时尚数据交易平台和市场主体，发展时尚数据资产评估、登记结算、交易撮合、争议仲裁等市场运营体系。

3. 依托京津冀协同发展，构建时尚科技、时尚产业及时尚教育的跨区域协作体系

以北京为主体，建设京津冀时尚科技创新中心、时尚高等教育中心和时尚国际交流展示中心，引领带动京津冀时尚产业协同发展。北京与天津、河北加强时尚产业相关园区、教学实训基地等合作，培养一批高素质的时尚技能人才，并逐步生成北京市配套的跨区域的时尚轻工制造产业链集群。河北省依托白沟大红门国际服装城、东贸国际服装城、永清云裳小镇、沧州东塑明珠商贸城、衡水纺织服装产业园、石家庄乐城国际贸易城等平台，有序承接京津服装产业转移，成为京津冀时尚产业的物流集散中心和商贸批发基地。

（三）推动时尚教育产教融合和创新发展

支持北京市有条件的时尚类院校进行教学资源数字化开发设计与线上共享，更新教学素材，引入数字时尚、时尚设计、时尚营销等内容。在办学空间许可的条件下，改良借鉴欧美时尚类院校普遍应用的“工作室”模式。创新产教融合模式，与企业建立交流互动的有效机制，及时了解企业的需求，特别是对人才的需求，使学科建设、专业设置、人才培养方案与市场需求更加契合，不断提升时尚教育的服务能力。时尚院校要根据自身办学定位制订有针对性的培养方案与差异化人才选拔方式，推进跨学科协同教学。此外，时尚院校要在人才培养、科学研究、市场开拓等方面开展更多深度交流与合作，在拓展国内外教育合作的过程中，构建长短期项目相结合、专业课程及文化交流相融合的多层次培养体系，学习、借鉴彼此先进的教育理念和经验，利用信息网络促进课程资源跨国界、跨地区共享，为时尚从业者及时尚学子搭建多样化、多选择性的教育平台，促进时尚教育在保持彼此特质的基础上共享发展。

（四）强化三者融合发展要素保障

1. 强化融合发展的空间保障

积极推动全市现有文创产业园区、大红门地区、通州区台湖镇等文化创意产业空间的改造升级，利用闲置楼宇、废旧厂房改造、众创空间等载体有效拓展时尚、科技、教育融合发展的物理空间。可以借鉴清华大学提出的DIBO（Design设计、Investment投资、Building建造、Operation运营）模式切入地方遗产（城市空间）改造与更新，以空间生产激活数字时尚经济业态。在此基础上，要结合数字时尚经济发展的需求，强化时尚新基建能力建设，提升相关空间的“到场”体验，成为时尚产业线上线下融合发展的重要平台。此外，要综合运用大数据、人工智能、物联网的技术，将时尚元素、时尚生活方式等融入

文化活动、国际交流活动、重点商圈建设、社区改造、公共开敞空间设计等领域，形成一批无形、有形相结合的城市时尚文化资产。

2. 加强时尚行业人才教育和培训

（1）通过校企合作、产学研结合的形式，由企业、科研院所和高校分别作为校外导师和校内导师，联合开展时尚教育，重点培养一批兼具理论知识和实践技能的时尚产业管理人才、研发设计人才与策划营销人才。

（2）积极与国内外各类著名教育培训机构、互联网平台等加强合作，优化时尚产业课程体系，创新授课方式和方法，开展更高层次和更高水平的教育。

（3）支持在北京及周边地区设立一批校外实训基地，依托高校名师、科研院所顶级专家、企业导师进行一对多的培训。政府层面要对参与校外实训基地建设的相关企业、高校、科研院所人才予以适当的财政补贴。

3. 深化融合发展的体制机制创新

充分依托北京“四个中心”功能建设、国际消费中心城市建设，积极融入北京“两区”改革创新发展大局，在科技成果转化、京津冀产业协同开放、拓宽融资渠道、时尚文化贸易、数字时尚产业平台建设、扩大时尚消费供给、时尚高端人才引进、时尚国际教育合作等方面积极争取先行先试政策。

4. 营造良好的融合发展氛围和环境

通过举办各种大型、免费的时尚活动、展会和培训，让更多的人能够接触时尚新科技、时尚新产品和时尚新生活方式，提升全体市民整体的时尚素养，为时尚、科技、教育的融合发展夯实群众基础。各时尚类高校要将时尚文化的丰富内涵和审美价值融入日常教学和大众科普过程中，为三者的融合发展奠定良好的人文基础。持续优化营商环境，对时尚、科技、教育融合发展形成的新产业、新业态、新模式，探索审慎监管方式，深入推进数字时尚经济准入“放管服”改革。加大对中小微时尚类初创企业的财政金融支持力度，吸引社会资本参与时尚消费领域新基建项目建设，引导金融机构提供更多符合三者融合发展方向、贴近大众时尚消费需求的信贷产品和服务。

（熊兴　北京服装学院中国时尚研究院
刘传岩　中咨海外咨询有限公司）

参考文献

[1] 曾超. 产业体系中的科技时尚化与时尚科技化[J]. 西部皮革，2015（21）：45-48.

[2] 马胜杰. 科技革命背景下中国时尚教育发展的思考[J]. 艺术设计研究，2019（4）：5-8.

[3] 腾讯研究院，清华大学文化创意发展院. 迈入文化科技融合2021：数字文化经济时代[R]. 2021.

[4] BoF时装商业评论和麦肯锡公司. 2021全球时尚业态报告[R]. 2020.
[5] 马艳. 科技与时尚融合开拓纺织行业发展新空间.
[6] 大数据平台把脉北京文化产业发展.

第六章　北京时尚品牌建设研究

品牌是时尚产业不可或缺的高价值环节。在商品过剩的时代，时尚消费者更加关注产品附加值，因此，品牌文化和消费者的认同感尤为重要。品牌以logo形式把消费者的心理认同付诸于有形存在，又于无形之中给产品赋予一种文化自信，为时尚产业带来了价值支撑。

北京拥有丰富的时尚资源，时尚产业的快速发展为推进首都供给侧结构性改革、提升产业发展质量、培育引领时尚文化、创新社会文明供给做出了巨大贡献。当前，北京的时尚品牌呈现百花齐放的繁荣景象，设计师队伍不断壮大，传统品牌跨界发展，国际品牌首店数量不断增长，零售业态多样并存。随着全球时尚产业加速升级，时尚品牌需要持续挖掘和满足各细分人群和场景的需求，拓展并迭代其产品才能赢得更多细分市场和消费者的认可。北京是全国政治中心、文化中心、科技创新中心和国际交往中心，时尚品牌建设不仅能够满足首都人民日益增长的个性化消费需求，也有助于支撑“四个中心”的战略定位。

一、北京时尚品牌的发展历程

（一）起步期

改革开放初期，随着国民经济的全面复苏，北京市纺织工业迅速发展。20世纪80年代中期，一些国有纺织企业率先启动“品牌工程”，先后出现了“雪莲”“铜牛”“天坛”“雷蒙”等本地知名品牌。到80年代后期，北京市的服装产销量分别是改革开放初期的三四倍，成为华北地区重要的服装基地之一。

进入20世纪90年代，北京的纺织服装企业逐步有了品牌意识，一些合资品牌迅速崛起，在短时间内占据了中高档品牌空间。同时中小型私营服装企业大批出现，在产品上进行模仿销售，逐渐积累了一定的资金和市场经验；在观念上融合、吸收了合资服装企业的品牌运作思想。直至90年代后半期，出现了多样的品牌角色：如以创建性质划分，有企业品牌、设计师品牌、中间商品牌；以品牌定位划分，有定制品牌、成衣品牌、高级时装品牌；以范围影响力划分，有城市品牌、区域品牌、全国品牌等。这一时期，一些国际品牌开始进军亚洲市场，北京则成为其拓展中国市场的首选城市。1979年3月，北京民族文化宫迎来了法国服装设计师皮尔·卡丹（Pierre Cardin）的内部时装秀，“奢侈品”这一概念正式落地中国，并得到一定程度的发展（图6-1）。直至1990年，北京迎来了全球奢侈品牌进驻的元年，国贸中心率先引进多个奢侈品大品牌，为北京市民带来了更多时尚消费新选择。1992年路易·威登（Louis Vuitton）登陆中国，在北京王府饭店设立首家专卖店，市民需要换取外汇券购买；同年，第一个引进外国商号的中外合作经营企业——赛特购物中心正式营业（图6-2）。直至90年代末，陆续有一些国际时尚品牌进驻北京开设专卖店，但除了组织展示外，没有大规模的公关宣传。因此，这一时期，北京市民的消费热情更多集中在本土品牌，对于国际品牌的购买力尚未凸显。

图6-1　1979年皮尔·卡丹在北京举办的中国最早的时装秀（内部观摩会）

图片来源：凤凰网时尚频道。

图6-2　1996年赛特门前的巨型牛仔裤广告（张风　摄）

图片来源：北京晚报官方网站。

（二）发展期

根据相关数据显示，2000年以后，我国经济进入新一轮增长周期的上升阶段，2000—2007年，GDP从8.4%逐年攀升至14.2%，年均增速达到10.3%。随着居民消费水平提高和生活方式发生巨大变化，市民的品牌意识不断加强，对国内外知名时尚品牌的追求也越发明显。2004年，北京市政府提出建设“时装之都”，倡导首都服装产业的发展要以设计研发为重点，营造时尚氛围。在此战略目标的指导下，北京市纺织服装产业将设计研发和品牌营销等价值链高端环节作为发展重点，更多的原创设计得到落地。以大华、顺美、威克多为代表的北京男装品牌进一步发展壮大；白领、爱慕、依文、雪莲等本土女装品牌纷纷亮相国际时装周与各大展会，向全球展示中国设计之美。2014年，北京纺织服装产业规模已经达到300亿元，年销售过亿的服装企业已有20多家，各品牌形成了较为健全的体系。

在本土时尚品牌不断发展壮大、走出国门的同时，一二线国际品牌纷至沓来。2002年，中国第一家奥特莱斯业态的购物中心——燕莎奥特莱斯购物中心在北京开业，以“名品低价”的经营模式受到消费者的热烈欢迎。奥特莱斯的兴起，在潜移默化中培养了北京消费者的时尚品牌意识，在注重商品使用价值的同时，开始关注品牌价值与产品体验。自2004年以来，随着西单大悦城、国贸三期、世纪金源综合体、三里屯太古里、侨福芳草地、华熙LIVE·五棵松等多个时尚文化地标的建成，落地北京的国际品牌数量与种类持续增加，北京成为全球时尚品牌进军中国市场的首选城市。

（三）转型成熟期

随着非首都功能疏解的提速，北京市纺织服装企业开启了转型升级之路，积极发展服装设计环节，将服装制造外迁，重点围绕品牌运营、文化创意等领域做文章。“十二五”期间，拥有天坛衬衣、铜牛内衣、雪莲羊绒、雷蒙西服、伊里兰羽绒服等知名品牌的北京时尚控股有限责任公司将传统纺织印染、服装加工生产全面转向京外地区，共调整退出劣势企业56户，主动淘汰关停不符合首都城市战略定位的生产企业29户；旗下老旧库房集体变身为集服装研发设计、时尚培训、时尚发布展示等多业态于一体的产业园，成为京城时尚文化新地标（图6-3）。随着服装印染加工业态的全面退出，以纺织服装行业为代表的北京时尚产业形成了“两头在内，中间在外”的产业格局，即设计和贸易在城中，生产加工在远郊区县和外埠。

图6-3 由京工集团自用仓库改造而成的J-park京工时尚创新园

图片来源：搜狐网。

“十二五”以来，北京迎来国际品牌“首店”入驻潮。来自国际重奢、轻奢、时尚类品牌、创新零售品牌、定制品牌、居家生活品牌、娱乐休闲品牌纷纷来京设立辐射全国或亚太市场的代理总部和地区总部。由于北京奢侈品和大众消费指数较高，消费群体具备强大购买力，市场一线奢侈品牌数量增长最快，潮牌设计师品牌尤其受到年轻消费者的青睐。在时尚精品方面，2018年，北京共有539家品牌精品店及旗舰店，在商场新增或翻新门店中，潮牌类服饰和小众设计师服饰门店占比近五成；在国际品牌布局方面，一线时尚品牌集中在市中心商业氛围浓郁的CBD、王府井和西单商圈，二线国际品牌除了高端商场外，还会选择在三里屯太古里、侨福芳草地等更为多元化、体验感强的商场进行布局。2020年，北京市商务局推出《关于鼓励发展商业品牌首店的若干措施》（2.0版），包含开启品牌首店服务"绿色通道"、助力品牌首店落地选址和推广、提升国际品牌高端人才服务保障水平、打造全球品牌首发首秀展示平台、支持各类知名品牌首店、旗舰店落地、开展引进品牌首店首发综合评价等六个部分12条内容，着力将北京打造成国际品牌孵化地。根据选址中国数据显示：2021年上半年共有434家品牌首店、旗舰店落地北京，已超出去年全年首店入驻数量近250家，呈现爆发式增长态势。从品牌属地看，上半年新落户的首店中，中国品牌360家，占比约83%；国际品牌74家，占比约17%。从业态分布看，餐饮业态首店数量居首，共202家，占比46%；其次是零售业态首店，共134家，占比31%。

二、北京时尚品牌的发展现状

（一）本土品牌实力不断增强

1.品牌认知度与美誉度持续提升

北京的纺织服装企业经历了从产品走出去、产能走出去向品牌走出去和资本走出去的蜕变。以爱慕股份、依文集团、玫瑰坊时装定制等为代表的企业不断建设品牌、完善品类，领跑全国服饰行业的发展。以爱慕股份为例，自1993年创建以来，历经三次企业改制，已由昔日一家小型内衣工厂发展成为如今拥有近万名员工的公司。公司旗下已拥有"爱慕"（AIMER）、"爱慕先生"（AIMER MEN）、"爱慕儿童"（AIMER KIDS）、"兰卡文"（LA CLOVER）、"爱美丽"（IMis）、"乎兮"（HUXI）、"皇锦"（EMPERORIENT）、BODY WILD、BECHIC等多元品牌。在品类方面，公司的产品组合已从早期的文胸、内裤逐步扩展至保暖衣、家居服、其他服饰（如运动装、泳装等）、袜类、家纺、家居饰品、防护口罩等多个品类。爱慕股份于2021年5月31日在上海证券交易所主板上市，公司销售业务遍及中国近300个城市，同时布局海外市场，构建了富有活力的全渠道销售体系。

2.时尚品牌原创能力不断增强

以雪莲、铜牛、大华时尚、天坛服饰、雷蒙、伊里兰等老字号为代表的时尚品牌不断引进国际国内知名设计师与新锐设计力量，在传承品质的基础上增加了对创意设计的应用，开启了国潮时尚，"大师、大牌、大事"不断涌现。李宁品牌以产品、渠道、零售运营能力为支柱，将运动与各种中国元素相结合，推出潮流单品，开展联名跨界，多次登上国际顶级时装周，受到全球年轻消费者的欢迎（图6-4、图6-5）。继2009年创办国际设

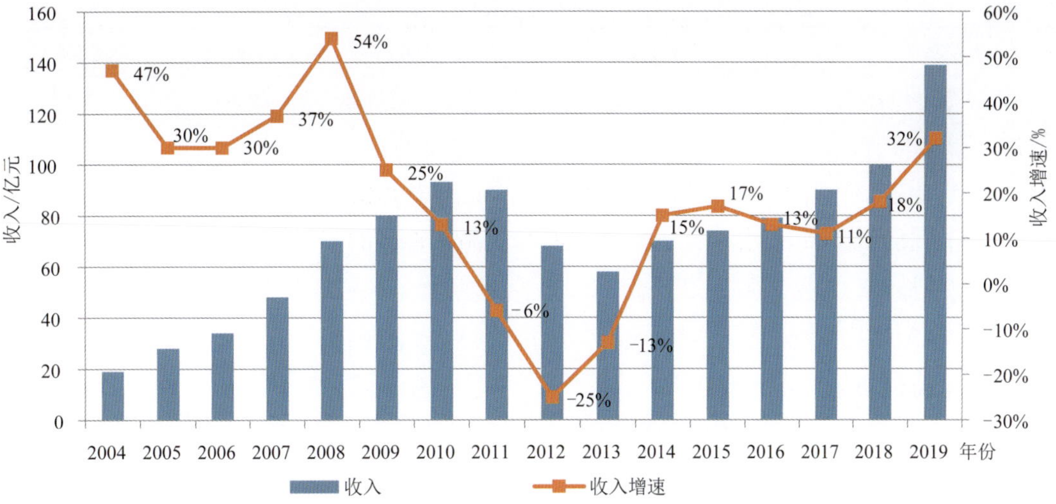

图 6-4　李宁品牌年度收入及增速（亿元）

图片来源：公司公告，中信证券研究部。

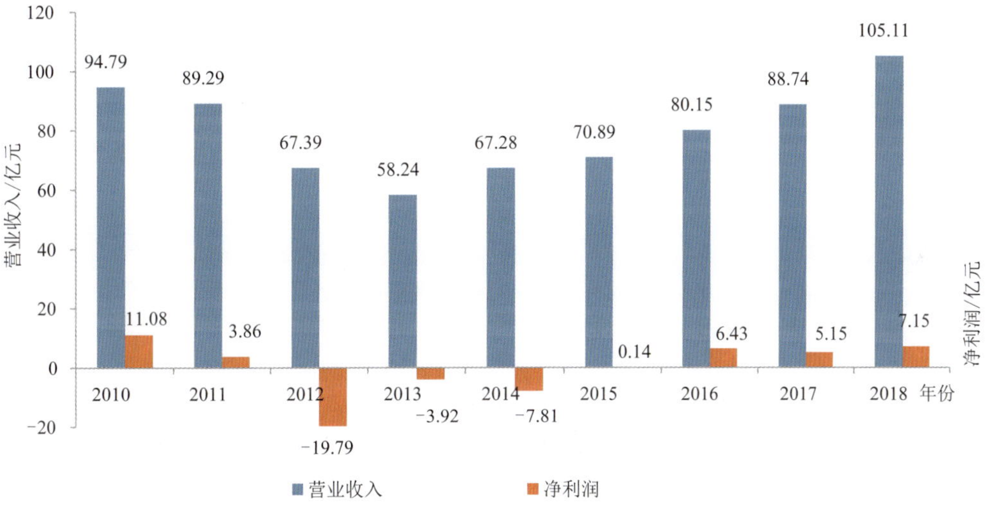

图 6-5　2010—2018 年李宁营收与净利润

图片来源：公司财报，第一纺织网。

计周后，北京于2016年又创办了时装周。历经几年发展，北京时装周的活动质量与国际影响力显著提升，活动形式与内容也越加多元化，从品牌流行趋势发布、北京时尚高峰论坛、时尚北京创意展，到增加 WEEK UP 潮流展、时尚北京国际影像展、专业大赛以及买手沙龙、时装派对等，北京时装周对助力参展品牌落地首都商圈、带动北京时尚产业品牌化、高端化、国际化发展发挥了巨大作用（表6-1）。

表6-1 北京设计师品牌（部分）

品牌名称	设计师	行业类别	创建时间	品牌发源地
马羚时装	马羚	设计师女装品牌	1989	北京
玫瑰坊	郭培	设计师女装品牌	1997	北京
Maryma	马艳丽	设计师女装品牌	1999	北京
JEFEN 吉芬	谢锋（Frankie Xie）	设计师女装品牌	2000	意大利
XUAN PRIVE	刘宣佐	设计师男装品牌	2003	北京
度兮 DUXI	郭瑞萍	设计师女装品牌	2005	北京
JEFEN BY FRANKIE	谢锋（Frankie Xie）	设计师女装品牌	2006	巴黎
YOUZ	邹游	设计师女装品牌	2006	北京
CHI ZHANG	张弛	设计师男装品牌	2007	伦敦
LACONIC（LN）	陈宸（DAVID CHEN）	设计师女装品牌	2007	北京
LUVONbyLIULU	刘璐	设计师女装品牌	2007	北京
VEGA ZAISHI WANG	王在实	设计师女装品牌	2008	北京
Chictopia	刘清扬	设计师女装品牌	2008	北京
Su.GuangYu	苏广宇	设计师品牌	2009	北京
RanFan	范然	设计师女装品牌	2009	伦敦
YE’S	叶谦（YESIR）	设计师男装品牌	2010	北京
Cindy Wei Zhang	张玮	设计师女装品牌	2010	北京
Rfactory	吴英男（Océan）	设计师女包品牌	2010	北京
楚和听香	楚艳	设计师女装品牌	2011	北京
Awaylee	李薇	设计师女装品牌	2012	北京
Zoual 晏缇	周晏缇（Chris Zhou）	设计师女装品牌	2012	北京
Esa Liang	梁冰琴（Esa Liang）	设计师女装品牌	2012	香港
ALICIA LEE	李坤（Alicia Lee）	设计师女装品牌	2012	北京
SIMONGAO	高杨	设计师女装品牌	2012	北京
SEAN BY SEAN	孙小峰（Sean Suen）	设计师男装品牌	2012	北京
EUNICE FU	付晓曦	设计师女装品牌	2012	北京
LANNERET	IRIS（崔晓晶）	设计师女装品牌	2013	北京
彼伏	陈兴	设计师品牌	2013	北京
POLLYANNA KEONG	姜悦音（Pollyanna Keong）	设计师女装品牌	2013	北京
deepmoss	刘小路（Dido Liu）	设计师女装品牌	2013	北京
YUZZO LONDON	周昱	设计师女装品牌	2013	伦敦

续表

品牌名称	设计师	行业类别	创建时间	品牌发源地
简壹社	nunu	设计师女装品牌	2013	北京
E.LAU	刘亚桐	设计师女装品牌	2013	北京
J.I.E杰	施杰	设计师女装品牌	2013	北京
Parcz Tsai	蔡舟	设计师女装品牌	2014	北京
ALEXANDER.T.ZHAO	赵涛	设计师女装品牌	2014	北京
粉墨即黛（FMOJD）	张代玉	设计师女装品牌	2014	北京
ZFF张飞飞	张飞飞	设计师女装品牌	2014	北京
MELODY	许翠娴（CareyXu）	设计师羊绒羊毛	2014	北京
SYXC	韩春	设计师女装品牌	2014	北京
LOK.YANG	杨乐	设计师男装品牌	2014	北京
Chris Lun	伦思博	设计师女装品牌	2014	北京
UZO.MIN	Sammy	设计师女装品牌	2014	北京
Tinsquare平方希	Tamara Tin S.	设计师女装品牌	2014	北京
Tatiana Bertina	郭昱维	设计师品牌	2015	北京
ME BY MEROZ	MEROZ	设计师品牌	2015	北京
AYUKO	ayuko	设计师女装品牌	2015	北京
QZ Shen	申凡	设计师品牌	2015	北京
JUYOLO	张远强	设计师品牌	2015	北京

数据来源：根据中国时尚品牌网及各品牌网站等公开信息整理。

（二）国际品牌渗透率显著提高

2018年发布的《北京国际品牌发展研究报告》显示：北京已位列全球国际品牌渗透率最高的十大城市，全球十大奢侈品牌已全部进驻北京，店铺数达41家；全球十大顶级腕表品牌已全部进驻北京，店铺数达34家；全球十大轻奢品牌已全部进驻北京，店铺数达51家。以位于北京朝阳区的三里屯为例，仅2016—2018年三年间，三里屯太古里入驻了超过60家品牌是北京甚至是中国首店。同样位于朝阳区的SKP已连续十年蝉联中国“店王”，且2019年、2020年的国际品牌首发率占中国市场高达38%。

2019年北京时装周期间，铜牛携新品牌TOPNEW惊喜亮相，作为北京时尚产业中坚力量的代表品牌木真了、爱美丽，以及设计师品牌彼伏、自觉等带来新一季的潮流趋势和时尚发布。此外，国际品牌Roland Mouret 举办的中国首秀引发广泛关注；美国百年泳装品牌JANTZEN 带着富有中国元素设计的泳装亮相；同时，引领国际前沿趋势的法国生态环保品牌ANDREA CREWS，以及彰显北欧简约风格的丹麦品牌ArtFusion ACE 都为中国市场带来了与众不同的时尚之风。这些国际知名品牌不仅进一步提升了北京时装周的国际影响力，还带动了北京时尚产业向品牌化、高端化、国际化发展（图6–6）。

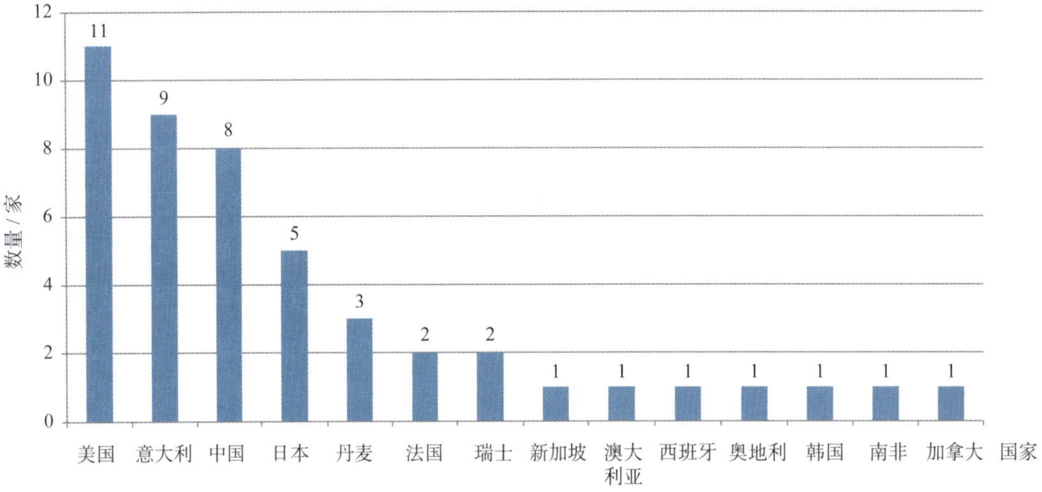

图6–6　2019年落户北京的零售业时尚品牌数量

图片来源：作者根据赢商网发布的数据整理绘制。

注释：图中数据主要指购物中心内首进品牌，不包含社区、商圈内店铺、快闪等特殊店铺。

（三）时尚品牌类型趋向多元化

当前，北京的时尚品牌呈现多样化发展态势，涵盖的目标消费群体也扩展至全年龄段消费者。从品牌历史看，北京时尚控股旗下的品牌除了雪莲、铜牛、雷蒙、天坛、绿典、伊里兰这些耳熟能详的中华老字号、北京老字号以外，也有近些年快速成长的PURE TOUCH、ArtFusion ACE等国际化年轻时尚品牌，形成了传承与创新相融合的北京时尚品牌群。产品在种类上，已不再局限于传统的服装服饰、鞋帽箱包、珠宝配饰等，一些来自全球及全国其他城市的餐饮、家居、生鲜、生活服务和新晋网红品牌层出不穷（表6–2）。2017年，起源于广东的茶饮品牌——喜茶HEYTEA、奈雪の茶先后进驻北京，引人追捧，而后，来自全国其他地区的茶百道、一点点、蜜雪冰城等针对不同消费群体的时尚茶饮纷纷北上，店铺遍布北京的大街小巷，掀起了“网红奶茶”的流行时尚。又如，主打“生鲜+餐饮”模式的盒马鲜生于2017年在北京十里堡正式开业，其品牌亮点在于以快时尚的思维打造以销售生鲜产品为核心的服务体系，“三公里内最快30分钟送达”的服务宗旨更是直击北京白领上班族的消费痛点。此外，全球餐饮类的超级网红也组团进军北京，以Cafe Crepe、LADYM为代表的甜品品牌纷纷在北京安置首店。如2018年，主打“名媛贵妇下午茶Feel”的Lady M在北京朝阳大悦城开设首店，引来排队热潮。颜值口味均在线的超级网红Lady M无论是产品品类还是店铺空间设计都很好地锁定了以女性为核心的主流消费者喜好，其“像卖珠宝一样卖蛋糕”的品牌理念更是赢得了广大女性的时尚消费认同感。

表6-2　2019年入驻北京的时尚餐饮、儿童休闲首店品牌

业态	品牌名称	细分品类	品牌国籍	进驻项目	首店级别	开业时间
餐饮	Umami Picnic花舍鲜之味	西餐	中国	朝阳大悦城	城市首店	2019年2月
	蛙小侠	干锅/香锅	中国			2019年1月
	KOI Thé	茶饮	中国	朝阳合生汇	城市首店	2019年5月
	邓老凉茶	茶饮	中国			2019年9月
	大碗丼	日式烧肉	中国			2019年5月
	甲骨纹仙贝	小吃快餐	日本			2019年9月
	上海滩餐厅	上海本帮菜	中国	国贸商场	城市首店	2019年12月
	三盏茶食	甜品	中国		全国首店	2019年4月
	老鼎丰	面包烘焙	中国		城市首店	2019年7月
	喜茶pink	茶饮	中国	蓝色港湾	城市首店	2019年1月
	笑米乐串烧居酒屋	日本料理	日本		全国首店	2019年11月
	ELEPHANT GROUNDS	咖啡	中国香港	三里屯太古里	城市首店	2019年8月
	鼎泰丰全新概念店	淮扬菜	中国			2019年8月
	%Arabica	咖啡	日本			2019年5月
	Red Lobstertl红龙虾餐厅	海鲜	美国			2019年7月
	麦子仓库	面包烘培	新加坡	世贸天阶	城市首店	2019年5月
	老乾杯	日本料理	中国	王府中环	城市首店	2019年1月
	浦原拉面	日式拉面	日本	西单大悦城	城市首店	2019年10月
	蔡澜港式点心专门店	粤式茶点	中国	西直门凯德Mall	城市首店	2019年9月
	星巴克啡快概念店	咖啡	美国	颐堤港	全球首店	2019年7月
	西贝酸奶屋	小吃快餐	中国	中骏世界城	全国首店	2019年S月
儿童	BORA AKSU KIDS	童装/童鞋	英国	北京SKP	全国首店	2019年4月
	尺木神奇乐园	游乐园	中国	朝阳合生汇	全国首店	2019年12月
	F·A·O SCHWARZ	玩具	美国	国贸商城	全国首店	2019年5月
	乐高旗规店	玩具	丹麦	王府井	城市首店	2019年1月

资料来源：赢商网。

注释：表中数据主要指购物中心内首进品牌，不包含社区、商圈内店铺，快闪等特殊店铺。

据联商网零售研究中心不完全统计，2020年进驻北京的时尚品牌中，餐饮和服饰首店占比近七成，是品牌首店最多的业态；服饰品牌中以潮流服饰品牌和运动服饰品牌为主。进驻北京的主要首店中包含：餐饮32家，服饰22家，美妆9家，其他业态16家。此外，服饰集合店成为了年轻人时尚消费的新据点，国潮、运动品牌更受关注（表6-3）。

表6-3 北京2020年下半年主要品牌首店拓展一览

品牌名称	所属业态	品牌国籍	进驻项目	首店级别	开业时间
Tom Dixon	餐饮	英国	北京三里屯太古里	北京首家旗舰店	2020.7.3
MANITO	服饰	加拿大		全国首家概念精品店	2020.7.14
MAIA ACTIVE 玛娅	服饰	中国		华北首店	2020.7.23
Shake Shack	餐饮	美国		华北首店	2020.8.12
Randomevent	服饰	中国		北京首店	2020.8.30
DESCENTE BLANC	服饰	日本		全国首店	2020.10.31
phenix 都市综合店	服饰	日本		全国首家都市综合店	2020.11.15
Gontran Cherrier	餐饮	法国	北京朝阳大悦城	北京首店	2020.8.28
JUDYDOLL 橘朵	美妆	中国		华北首店	2020.9
姚姚酸菜鱼	餐饮	中国		北京首店	2020.10.16
Gabriele Colangelo 旗舰店	服饰	意大利	北京国贸商城	全球首店	2020.7
Peet’s Coffee	餐饮	美国		北京首店	2020.9.10
ARTNATURE	美妆	日本		北京首店	2020.10.15
vogue café	餐饮	美国		亚洲首店	2020.12
绿瘦好享瘦	丽人	中国	北京富力广场	北京首店	2020.7
莱特飞行者	教育培训	中国		北京首店	2020.10
Explorà 爱嘟咔早教中心	教育	中国		北京首店	2020.11
COF 精致珠宝	零售	日本		北京首店	2020.12
星际传奇	娱乐	中国	北京长楹天街	北京首店	2020.7
内联升生活体检店	家居	中国		全国首店	2020.8.8
贤合庄卤味火锅	餐饮	中国		北京首店	2020.8.29
DCSHOECOUSA	服饰	美国		北京首店	2020.12.1
innsisfree GREEN CAFE	餐饮	韩国	北京欧美汇购物中心	北京首店	2020.8
万饰万物	服饰	中国		全国首店	2020.12.30
Jardin dHiver	餐饮	法国	北京 SKP	全球首店	2020.9.25
POLA 概念店	美妆	日本	北京 apm 购物中心	北京首店	2020.7.19
沪小胖	餐饮	中国	簋街	北京首店	2020.8
松哥油焖大虾	餐饮	中国		北京首店	2020.9
Tim Hortons	餐饮	加拿大	北京世贸天阶	北京首店	2020.7.24
THE WAREHOUSE	服饰	中国	北京时尚设计广场	北京首店	2020.7
TACO BELL	餐饮	美国	Hello Mart 城市市集	北京首店	2020.8.21
维维尼奥香氛艺术馆	美妆	中国	北京坊	全国首店	2020.9.27
Tunny Coffee 司康专门店	餐饮	中国	隆福寺	北京首店	2020.9
半仙豆夫	餐饮	中国	南锣鼓巷	北京首店	2020.9
小李烧鸡	餐饮	中国	常营	北京首店	2020.9

续表

品牌名称	所属业态	品牌国籍	进驻项目	首店级别	开业时间
Naive理想国	书店	中国	朗园 Vintage	北京首店	2020.9
DULTON	家居	日本	798	北京首店	2020.9
贾国龙功夫菜	餐饮	中国	北京世纪金源购物中心	全国首店	2020.10.1
松鹤楼面馆	餐饮	中国	北京侨福芳草地	华北首店	2020.10.18
ROUND 1	娱乐	日本	北京爱琴海购物公园	全国首店	2020.10.30
海马体大师定制店	娱乐	中国	北京东方新天地	北京首店	2020.11
MANNER COFFEE	餐饮	中国	北京来福士	北京首店	2020.12.12
易捷咖啡	餐饮	中国	中石化北京龙禹玉泉加油站	北京首店	2020.12.22

资料来源：联商网。

（四）新媒体营销网络有序扩展

随着新媒体技术的快速发展，北京时尚品牌不断打破传统营销模式，一方面与短视频媒体进行跨界合作，继续讲好中国时尚文化故事，向世界展示北京时尚文化自信，让民族品牌走出去。另一方面，对现有销售渠道进行优化整合，以优胜劣汰的方式对存量商业网点进行增减，并以全球化战略进军国际市场。

例如，雷蒙举办跨界非遗京绣，实现了新潮时尚与传统文化的有机融合；PURE TOUCH和抖音文创联名发布新品，提升了国企品牌的时尚国潮设计力。再如，爱慕股份在销售渠道方面实行线上线下同步发力：线上以天猫、唯品会为主，其中爱慕股份运营的“爱慕官方旗舰店”已于2018—2020年连续三年进入天猫“双十一内衣热销店铺”前十名；而在线下，爱慕零售网点已覆盖了全国数十个省、自治区和直辖市，并已进驻了新加坡、阿联酋迪拜、中国澳门、柬埔寨等国家和地区的地标性商圈。与此同时，随着时尚品牌竞争逐步从传统实体渠道延伸至新兴媒体渠道，凭借资本、人才等多方面优势，一批发展快速、交易活跃、规模优势明显的本土时尚企业通过大数据分析，迅速捕捉不同类型消费者对各品类功能性的差异化需求，并将成果应用到创新设计与产品营销上，增加了消费者对中国原创品牌的自信。目前，线上终端已经成为品牌不可或缺的重要渠道之一。2019年“双十一”当天，李宁天猫旗舰店全天销售额破5.4亿元，相比2018年的3.6亿元增长了50%。根据李宁公司发布的集团2019年中期业绩数据显示：成功进入百亿俱乐部的李宁盈利能力稳步提升，其中，运动时尚已经是李宁的第一大品类，李宁品牌在年轻人眼里无疑成为运动品牌中的时尚担当。2020年在保障安全严控现场人流的情况下，北京时装周成功举办，吸引了线上线下近5亿人次的关注，其中：线上直播观看总人数超过6000万人次，单场全网直播峰值突破800万，新闻稿件累计发布7万余条，抖音相关话题视频播放量8300余万次，官方微博相关话题阅读量近2亿，今日头条话题阅读量超过730万次。

（五）科技创新主导品牌转型升级

当前，时尚行业面临着新的趋势：①商品在线销售，尤其电商销售额正高速增长；②大数据驱动下营销模式从“人找款”变为“款找人”；③数字化展示、3D虚拟模特开始被品牌所采用。北京纺织服装的龙头企业正在通过数字技术解决快研发、控成本等难题，依托完备的产业体系和扩散应用生态，实现从设计到材料、从工艺到装备的全产业链闭环创新。截至2020年底，共有十余家纺织服装企业获得北京市企业技术中心认定（表6-4）。

表6-4　2020年获北京市级企业技术中心认定的服装纺织行业企业名单

序号	企业名称	序号	企业名称
1	北京同益中新材料科技股份有限公司	7	北京铜牛集团有限公司
2	北京雪莲集团有限公司	8	北京光华纺织集团有限公司
3	李宁（中国）体育用品有限公司	9	经纬纺织机械股份有限公司
4	探路者控股集团股份有限公司	10	依文服饰股份有限公司
5	北京中丽制机工程技术有限公司	11	朗姿股份有限公司
6	爱慕股份有限公司		

资料来源：北京市经济和信息化局科技标准处《关于公示2020年市级企业技术中心年度运行评价结果的通知》。

前身为北京市人民针织厂的铜牛集团坚持科技创新，建立了以集团技术中心为核心、外部机构和科研院所参与的三级科技创新体系，近年来共获得自主技术专利授权44项，其中发明专利12项，多项研发项目获得全国纺织和北京市科技奖。铜牛集团成功研制出宇航员专用高科技航天内衣系列功能产品，同时，集团不断加强信息化建设，ERP管理系统、SCM供需链系统和MES制造执行系统作为“北京市制造业企业信息化示范工程”项目，实现了企业产品研发、制造、营销全过程的系统化管理，连续多年荣膺“中国信息化百强企业”。同样注重产业基础研究的还有爱慕股份，作为贴身服饰行业的龙头企业，爱慕多年来始终秉承“科技融于产品、文化融于产品、创意融于产品、健康融于产品”的研发理念，并在北京服装学院投资成立了爱慕人体工学研究院，在首都体育学院成立了爱慕运动机能服装研究中心，为爱慕产品设计开发提供专业、科学的支持，为产品迭代提供了有力支撑。爱慕股份与国外多家顶级供应商保持密切合作，与全球众多优秀的面料生产商联合开发新型面料，确保产品设计的独特性，形成了集趋势研究、材料前瞻性研发、产品创新设计、色彩应用、板型研究、工艺制作于一体的研发与创新体系，并被中国纺织工业联合会评定为“中国纺织行业工业设计中心”（2018年12月—2020年12月）。截至2020年12月31日，公司取得了294项专利，其中发明专利100项。公司还积极承担了行业建设的责任，主导或参与制定了2项国家标准、15项行业标准和6项团体标准，为贴身服饰行业的进步做出了贡献。

三、存在问题

（一）渠道管控亟待加强，配套成本相对较高

北京时尚产业走品牌化发展道路已成为趋势，完善流通体系是品牌化建设的重要手段。目前，北京一些中小规模的时尚企业为尽快拓展市场，建立了较多的流通环节，发展了批发商、代理经销商、直营店等多个层级的渠道，一定程度上阻碍了品牌的高效管理。各渠道商之间的竞争，削弱了服装企业对渠道流通的管控能力。另外，随着制造环节外迁，企业物流运输成本相应增加，加之外迁地配套及相关仓储物流建设相对滞后，大幅增加了配套成本。

（二）体系建设仍需健全，终端特色尚未凸显

北京的时尚品牌依托CBD商圈、大型购物中心和开放式街区，品牌功能多样、业态种类多元。但以零售业为主的快时尚品牌在空间分布上出现了同质化现象，许多商业综合体引进的品牌趋于雷同，缺乏自身特色，特别是在换季、节庆等重要时间点，很多快时尚品牌打折、促销方式如出一辙，消费者对于品牌的定位更加模糊，在一些限量或联名款遭到哄抢之余，一些断码产品无人问津，促使消费者转战线上购买，降低了品牌线下门店的吸引力。

（三）服务意识有待提高，消费体验吸引力不足

当前，北京多数商业综合体不再是单一的购物属性，而是融入了大量的儿童游乐、教育、餐饮、休闲、亲子摄影等服务。由此，消费者的有效停留时间得到延长，主流消费群体从以女性为主扩展至包含老、中、幼三代的家庭。随着消费者数量的增长，一些时尚品牌线下门店受品牌战略布局和选址因素的影响，出现了周末和傍晚高峰期人手不足、试衣间排队时间长等问题，一定程度上影响了时尚消费体验。平价的时尚品牌普遍采取服装服饰试穿试戴、化妆品试用、网红餐饮试吃等形式吸引消费者，体验方式过于单一，缺乏“另类感”的吸引力。

综上，北京已经拥有一批具有全国乃至全球影响力的时尚品牌，但规模效应和示范引领作用还不够突出，即时尚品牌对北京城市发展的贡献度亟待提升，距离建设世界时尚之都还存在一定距离。因此，加快北京时尚品牌建设已经成为当务之急。

四、发展建议

当前，北京的时尚品牌发展面临机遇与挑战：一方面，依托数字经济的迅猛发展和原

创设计的不断涌现，消费者对时尚品牌的需求持续提升，品牌营销方式的创新将为全球时尚品牌进驻北京提供更多机遇；另一方面，时尚品牌本身需要根植本土，结合时代特色与潮流趋势进行更精准的定位，巩固文化根基。通过前文分析，笔者认为，北京拥有的国际时尚品牌数量多、种类全，根植于本土发展起来的时尚品牌兼具文化内涵与科技含量。随着我国纺织工业进入强国阵列的第一梯队，生产制造能力与国际贸易规模长期居于世界首位，“十四五”时期我国纺织行业发展不再突出强调增量目标，而要将产业的质量提升与内涵拓展作为应变局、开新局的发力点和突破口。这为北京时尚产业的品牌建设指明了方向，即树立系统观念，使时尚品牌走创新驱动、文化引领、责任导向的可持续发展之路。

（一）坚持文化自信，丰富品牌内涵

1.营造文化消费环境

诞生于北京的时尚品牌在本地消费市场具备天然优势，亟待补充的是品牌文化和产品故事之间的空缺，由此提升品牌与消费者之间的价值认知。因此，北京本土时尚品牌的发展应根植于文化土壤，即将文化元素通过巧妙的设计与技术创新应用到产品中，同时在品牌经营中将文化理念传达给目标消费者，获得消费者信任和良好的市场反馈。可以利用不同的文化主题营造良好的时尚消费环境，依托现有时尚商圈特点，结合北京悠久的历史文化底蕴，准确定位，重点打造大众游乐、国际大牌、精品休闲、国潮艺术、时尚展演、原创设计等不同主题的时尚文化消费区，全方位挖掘不同时尚消费阶层的需求。

2.传播品牌文化

企业可以通过传播品牌文化促进时尚消费。例如，可以与电影、电视等相关产业整合，通过对服装、服饰、餐饮、家居等时尚产品的软植入，起到推广作用，拉动时尚消费的作用。

（二）引进多元品牌，增加业态供应

1.品质提升

在品质提升方面，针对潮牌和国风品牌受年轻消费者欢迎这一特点，北京可以通过对市中心核心商圈存量进行更新改造，释放品牌青睐的商业空间，也可以打造步行式商业街区，提高时尚品牌的资源集聚度和多元性。

2.增加商业街区

在增加商业设施方面，以荟聚西红门为标杆，引导国际品牌选址消费潜力大的海淀地区，增加市内免税等国际品牌的业态供应。

3.品牌招商

在品牌招商方面，基于消费者越发理性和个性化的消费观念，未来可考虑在招商上多引进小众、原创或独立设计师品牌，通过在成熟商圈开设快闪买手店、举办时尚生活方式展览等方式打响品牌知名度。

4. 多元品牌体系构建

在多元品牌体系构建上，建议对已经承担的具有时尚话语权的时装周、时尚赛事、设计展、国际会议等平台进行品牌升级，以“大师、大牌、大事”为抓手，利用不同领域的商业、艺术合作，为品牌提供推广服务，同时将时尚品牌盛事与城市公益活动、街区活化改造相结合，提高北京的时尚话语权，打造有中国特色、世界影响、时代特征的时尚生态。

（三）加强人才培养，优化品牌服务

1. 完善人才培养模式

构建差异化的时尚学科课程体系，培养具备较高人文素养、设计师责任和社会责任的人才。在京时尚院校和开设艺术设计学科的综合性大学应根据办学定位，制订有针对性的人才培养方案，推进跨学科的协同创新教育。同时，在人才培养、科学研究、市场开拓等方面与全球知名时尚院校、企业构建长短期项目相结合、专业课程及文化交流相融合的多层次培养体系，利用信息网络促进课程资源跨国界、跨地区共享，为在京时尚从业者及莘莘学子搭建多样化、选择性的教育平台。

2. 制定具有北京特色的优惠政策

制定具有北京特色的优惠政策，是指让具备自主创新能力或品牌推广价值的时尚企业享受行业政策补贴和科技创新政策激励。建议实施“北京时尚品牌‘走出去’”战略，通过互联网或定期市场推介提高本土时尚品牌在国内外的知名度，利用“中国品牌日活动”、北京时装周等公共服务平台，加强对自主品牌的宣传推介。同时，定期开展北京时尚品牌价值评价体系研究，结合研究成果调整品牌战略布局，对标全球知名时尚之都的发展经验，有侧重地增减品牌存量资源，调整引进品牌定位，形成具有北京特色和中国影响力的时尚品牌之都。

3. 增强消费者的时尚体验

北京的时尚商圈除购物外，还植入了大量的教育、餐饮、休闲娱乐等元素，而消费者对品牌服务意识的满意程度将直接影响时尚消费体验。针对目前商圈在周末和晚高峰期品牌店铺人手不足、试衣间排队等现象，打造智能化的消费体验尤为重要。建议时尚品牌根据客流量，有针对性地在部分商圈门店配置AR穿衣镜、AI导购机器人等辅助传统导购人员，为消费者提供细致贴心的服务。同时，时尚企业应及时调整经营理念，特别针对线下门店，进行品牌服务意识的培训，提高消费者满意度。

（刘雅婷　北京服装学院中国时尚研究院）

参考文献

[1] 王晓红. 我国纺织工业对国民经济增长影响的实证研究[D]. 天津：天津工业大学，2008.

[2] 刘元风. 时间与空间：我们离世界服装品牌还有多远[M]. 北京：中国纺织出版社，2008：132-134.

[3] 张博. 异构信息集成查询技术在数字企业管理中的实现与应用[D]. 北京：北京工业大学，2012.

[4] 王树勤. 2000年以来我国经济发展阶段分析及“十三五”时期主要经济指标预测[J]. 当代农村财经，2016（2）：7-10.

[5] 卢松江. 北京服装纺织行业品牌发展战略研究[D]. 北京：北京服装学院，2005.

[6] 库存减压三式[J]. 纺织服装周刊，2013（5）：46-47.

[7] 蓝志勇. 雄安“新城”与京津冀城市群发展战略展望[J]. 国家行政学院学报，2017（6）：76-81，162.

[8] 北京日报. 北京百年纺织业华丽转身.

[9] 胡博，付娜. 基于“钻石模型”的京津冀服装业竞争力分析[J]. 产业与科技论坛，2016，15（24）：115-117.

[10] 靳伟胜. 北京时尚商圈中服装品牌建设现状及策略研究[D]. 北京：北京服装学院，2015.

[11] 新京报. 2018北京国际品牌节开幕将发布《北京国际品牌发展研究报告》.

[12] 财讯界. 爱慕股份数字化转型升级战略打开全渠道营销新格局.

[13] 澎湃新闻. 双11单店销售额破5.4亿元，李宁凭什么.

[14] 宁俊. 北京服装产业发展研究报告：品牌篇[M]. 北京：中国纺织出版社，2018：46-47.

[15] 铜牛集团. 集团概况.

[16] 张亚琦. 北京时尚产业发展路径研究[D]. 北京：首都经济贸易大学，2018.

[17] 温太璞，赵君然. 关于国际贸易理论体系与分类的若干思考[J]. 商，2016（5）：86-88.

[18] 孙瑞哲. 纺织强国再出发谱写高质量发展新篇章[J]. 纺织服装周刊，2021（1）：10-15.

[19] 赵艾茜. 文化营销策略在服装品牌中的应用[J]. 纺织科技进展，2020（10）：47-50.

[20] 商务部驻天津特派员办事处. 北京时尚消费潜力巨大.

[21] 马胜杰. 科技革命背景下中国时尚教育发展的思考[J]. 艺术设计研究，2019（4）：5-8.

第七章　北京市时尚消费政策回顾与展望

随着我国居民消费水平不断提高，时尚消费早已蔚然成风。时尚消费不仅是当今最具活力的大众消费形态，而且是当前城市风尚的充分展示。近年来北京市时尚消费商圈快速崛起，时尚消费成为衡量人们追求美好生活的重要标准，也是衡量人们精神层面需求的重要消费形态，未来必将为首都"四个中心"功能建设发挥重要促进作用。因此，回顾北京市时尚产业政策发展历程，构建首都时尚消费政策体系，加快优化时尚消费政策，不仅可以完善时尚产业政策的理论体系，而且有利于贯彻落实"双循环"发展战略，拓展国内外时尚消费市场，加快推进北京建设国际消费中心城市。

一、时尚消费政策的内涵与体系

（一）时尚消费政策的基本内涵

时尚是特定时期流行的生活习惯、行为模式、文化理念，起初是以"酷"为标志，逐步发展成为流行趋势。同时，时尚强调设计和创意，通过设计提升产品活力，通过创意引领产业发展。而在时尚兴起的基础上，时尚消费所形成的流行风尚，不仅是一种社会消费心理现象，而且更是大众消费中最活跃的消费形态。在互联网经济时代，时尚消费具有影响范围广、传播速度快、流行品类多样和持续时间短等特点，因而当前的研究成果主要基于社会学、美学等视角对时尚消费进行界定，缺乏基于产业政策视角对于时尚消费的理解。

产业政策是指政府及其行业主管部门在特定时期为解决公共问题所采取措施的集合。我国时尚消费作为消费升级的重要领域和方向之一，纳入国家产业政策体系。产业政策具有指引产业发展方向的重要功能，是市场经济体制下政府替代计划管理的重要手段，不但有利于激发微观市场活力，而且有利于推进产业快速发展与转型升级。基于此，时尚消费政策是政府权威部门制定的旨在提升时尚消费水平和优化时尚消费结构而颁布的一系列政策措施的总和，对于北京国际消费中心城市建设具有重要意义。

（二）时尚消费政策体系

目前，国家虽然尚未出台时尚产业发展的法律法规和专项政策措施，但由于时尚产业涉及范围广泛，相关产业专项支持政策在一定程度上也促进了时尚消费的发展，并为时尚产业发展提供指引。

陈文晖等人（2018）以时尚产业价值链为线索，按照时尚消费关键环节进行政策梳理。高骞（2009）从完善时尚产业链角度，提出促进上海时尚产业发展的政策体系主要包括产业导向、产业载体和公共服务三大类政策措施。与时尚产业密切相关的产业政策体系研究主要有工业设计、文化创意、动漫产业、文化旅游等。研究北京市时尚消费产业政策可以充分借鉴相关产业政策的研究成果，并结合北京市时尚产业的时代特征，构建新的北京市时尚产业消费政策体系。

经济社会的不同发展阶段，社会大众的时尚认知和时尚产品需求会呈现出不同特征，时尚消费市场对于时尚产业政策的需求也有所不同。当前，我国时尚产业不仅面临新技术和新场景的形势与机遇，而且面临新环境和新需求的问题与挑战。在需求领域，时尚消费格局逐步发生转变，主要表现在以下几方面：①世界时尚消费市场重心逐步向发展中国家转移，我国已成为世界第二大奢侈品消费国。②国内时尚消费向二三线城市下沉，国潮时尚已经异军突起。③时尚消费市场逐渐细分，“银发时尚”“儿童时尚”等逐渐形成规模。在供给领域，时尚内涵不断延伸，时尚产业边界不断拓展，新型时尚消费业态不断涌现。新一轮科技革命与产业变革极大地促进了时尚与科技融合发展，时尚文化、时尚旅游等泛时尚消费业态快速发展。

在此背景下，时尚业态的快速变革对时尚消费政策提出了新的需求。未来时尚消费产业政策必须立足于人民美好生活的向往，不断优化时尚消费政策体系，从而促进时尚产业高质量发展。本文借鉴以往时尚产业政策的研究成果，从国家、省市、区县三个层面，围绕北京市打造国际时尚之都的中国样板。北京市时尚消费政策体系主要包括引导时尚消费理念、激发时尚消费需求、提升时尚消费供给、拓展时尚消费空间、营造时尚消费环境五个维度（图7-1）。

本文基于北京市政府网站，经过政策文本筛选，排除政策新闻、会议记录、工作总结等文本，以具备正式发文字号的文本作为有效样本，收集2011—2020年我国时尚消费

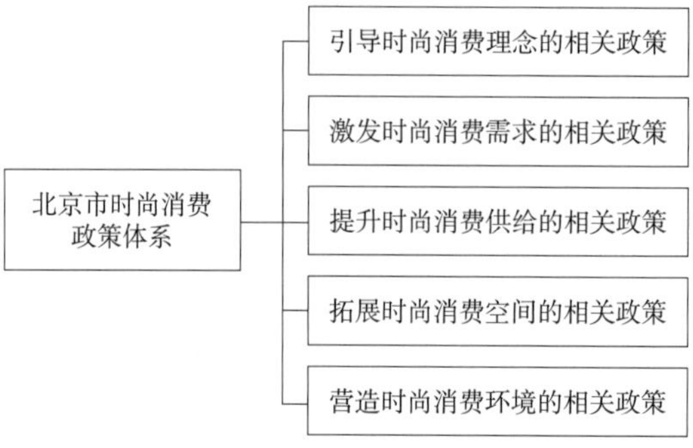

图7-1　北京市时尚消费政策体系

相关政策文本共计53份，其中国家、省市、区县三个层次的样本数量分别为13份、24份和16份。在国家、省市、区县三个层面回顾时尚消费政策发展历程的基础上，以24份北京市政府层面的时尚消费政策为有效样本，将北京市时尚消费政策概括为引导时尚消费理念、激发时尚消费需求、提升时尚消费供给、拓展时尚消费空间、营造时尚消费环境五个维度，并对政策要点和执行情况进行简要分析。

二、北京市时尚消费政策变迁的回顾与分析

纵观过去10年我国时尚消费的政策轨迹，各类时尚消费相关政策陆续出台，时尚消费政策体系初步形成。目前，我国时尚消费政策体系由国家层面出台的时尚消费相关发展规划、各省市政府及相关行政管理部门制定的发展目标与政策措施，以及各区县政府及相关行政管理部门制定的具体措施和执行方案三个层次构成。

（一）国家层面的相关政策

无论是国家层面，还是省市层面，虽然未出台以时尚产业命名的直接政策意见，但时尚产业所涉及的纺织服装、文化创意、时尚传播等重点领域出台了一系列专项发展政策。特别是在供给侧结构性改革和消费升级背景下，时尚消费政策逐步形成体系，不仅提升了时尚消费的供给水平和渠道模式，而且有效地引导和激发了全社会的时尚消费需求。据不完全统计，2011年以来国家层面出台的与时尚消费直接相关的产业政策共13项，涉及促进时尚消费的品牌、模式、业态、税收、监管等各个方面。

时尚消费已经成为国家鼓励发展的重要方向，政策体系的不断健全和深化，促进时尚产业健康有序发展。2012年商务部出台的相关政策，提出要建立和完善有利于品牌发展的长效机制和良好市场环境，不断提升中国品牌的质量水平、文化品位和消费规模，增强中国品牌的市场竞争力和影响力。2015年国家在相关政策中明确拓展增长空间的发展思路，要求结合新一代信息技术、3D打印、机器人等新技术开拓时尚消费领域，回忆穿戴设备、智能家居、数字媒体等新兴消费品发展。随着中美贸易摩擦影响不断深远，我国时尚产业深受影响，2020年国家又提出相关意见，希望持续激发消费活力，推动形成“双循环”的新发展格局提供政策指引。

（二）北京市层面的相关政策

北京市时尚产业政策可追溯至2004年关于北京建立“时装之都”的规划，旨在推动纺织服装产业转型升级。围绕“人文北京、科技北京、绿色北京”的建设目标，北京市对于文化创意产业发展高度重视，针对文化创新产业和设计产业出台了一系列的政策措施，在一定程度上也促进了北京市时尚产业的发展。基于“首都之窗”北京市人民政府官方网

站检索结果来看，2011年以来北京市级层面出台的涉及时尚消费政策共24项，其中多项系列政策与时尚产业发展密切相关，不仅直接推动了北京时尚创意经济发展，也为北京“时装之都”建设提供了良好的政策环境。

可以看出，自2004年起，北京市时尚产业进入快速发展时期，从建设“时装之都”到2009年建设“世界城市”，以及2012年作为“设计之都”加入联合国全球创意城市网络，北京市时尚经济逐渐兴起，时尚消费政策起到积极的促进作用。

（三）区县层面的相关政策

结合国家和北京市政府的政策要求，北京市各个区县针对各自时尚产业发展特征，制订出台促进时尚产业发展的具体措施与实施方案。据不完全统计，2011年以来北京市各区县行政主管部门出台与时尚消费直接相关的产业政策共16项。

北京市各级政府推进时尚消费发展，虽未直接出台时尚产业政策的文件，但时尚政策内容同样包含在文化创意、设计产业等相关产业政策中。近年来按照北京市“两区”建设的统一要求，各区政府分别制定各类工作方案与实施路径，这些政策措施涉及提升消费需求、业态发展、消费圈建设等时尚消费多个方面，北京市各级政府对于时尚产业发展的重视程度日益提升。

总体看来，时尚消费政策作为时尚产业政策的重要组成部分，北京市时尚消费政策在时尚产业发展初期得到各级政府的支持。随着设计产业的深入发展，时尚消费的各类专项政策不断明晰。目前，北京时尚消费政策呈现以下特点：

（1）政策类型丰富多样。北京市时尚消费产业政策，已经涵盖综合规划、重点领域扶持、园区建设发展、企业认定、财税专项优惠等各个方面的政策措施。

（2）政策颁布主体多元化。既有国家层面有关于时尚产业的顶层设计，又有北京市发展和改革委员会、北京市商务局、北京市科学技术委员会等部门制定的专项政策措施。

（3）政策范围结构复杂化。既包括明确以“时尚消费”为主体的产业政策措施，也包括未明确“时尚产业”为目标的政策举措，未来时尚消费政策不仅是北京市时尚产业稳步发展的重要保障，也是时尚经济崛起的强大引擎。

三、北京市时尚消费政策体系的构建与评估

在回顾时尚消费政策的基础上，围绕北京市“两区”建设的发展要求，本书试图构建北京时尚消费政策体系分析框架，主要引导时尚消费理念、激发时尚消费需求、提升时尚消费供给、拓展时尚消费空间、营造时尚消费环境五个维度，并提炼时尚消费政策要点，同时简要分析政策执行落实情况。

（一）数据来源与样本说明

本书旨在分析北京市时尚消费政策的框架体系与执行效果，因此基于“首都之窗”的政府信息公开内容进行检索，选取2011—2020年北京市政府及相关行政管理部门出台的涉及时尚消费政策文本共24份。经梳理和比对，提炼与时尚消费政策相关的政策要点，重点参照与商品消费密切相关的政策文本中关于推进北京市时尚产业发展的主要任务和实施方案，将北京市时尚消费政策体系归纳为引导时尚消费理念、激发时尚消费需求、提升时尚消费供给、拓展时尚消费空间、营造时尚消费环境五个维度。

从政策文本所涉及的维度来看，北京市关于提升时尚消费供给的相关政策文本数量最多。2011—2020年北京市24份时尚消费政策文本中，涉及引导时尚消费理念的政策文本数量为7份；涉及激发时尚消费需求的政策文本数量为5份；涉及提升时尚消费供给的政策文本数量为13份；涉及拓展时尚消费空间的政策文本数量为5份；涉及营造时尚消费环境的政策文本数量为2份。可以看出，引导时尚消费需求和提升时尚消费供给是当前北京市政府时尚消费政策的重点方向。

从政策时间分布来看，2020年北京市出台与时尚消费政策相关的政策文件达5份，对于时尚产业发展的关注程度日益提升。自2011年以来有关时尚消费的政策文件数量呈现逐步上升趋势，特别是“十三五”期间，北京市政府关于时尚产业的政策文本数量开始明显增多，对于时尚消费的关注也不断提升。

从发文机关来看，以北京市政府名义发布的时尚消费政策的文件数量最多。同时，北京市商务局作为消费服务行业的主管部门，涉及时尚消费的政策文件数量达到5份。

总体而言，北京市时尚消费政策样本的选择基本符合北京市对时尚经济发展的重视程度，同时也符合北京市文化创意和时尚经济发展的产业实践。整体样本选择具备一定的代表性，可以基于这24个政策样本，按五个维度对北京市时尚消费政策体系进行详细分析。

（二）引导时尚消费理念的相关政策

时尚消费理念是影响城市时尚消费，培育和发展时尚产业业态的思想理念核心。2020年我国取得全面脱贫的重要阶段性成果，满足人民美好生活的向往更进一步。长期以来，我国居民消费习惯坚持艰苦朴素原则，随着90后、00后崛起，传统消费观念逐步转变，营造良好消费环境对于时尚产业发展和时尚城市定位尤为重要。因此，要加强时尚理念宣传，推进时尚与文化、旅游、体育的融合发展是未来北京培育时尚经济的主要方向。

从政策内容来看，引导时尚消费理念的相关政策主要总结为3个方面：

（1）加快建设国际消费中心城市，提升消费市场要素聚集度和政策开放度。

（2）引领全球时尚消费潮流，顺应年轻群体、中高收入群体时尚消费需求。

（3）培育文化消费理念，促进时尚文化、时尚旅游、时尚体育发展，满足消费者多样化、多层次的文化消费需求。

从政策的落实情况来看，北京市居民时尚消费理念逐步提升，中国国际时装周、北京国际电影节等活动平台发挥出时尚引领作用，不仅在国际上展示了中国时尚水平，也提升了本土时尚创新能力，向全世界展示了北京时尚消费的名片。

（三）激发时尚消费需求的相关政策

时尚市场开发与时尚消费密切相连，针对市场消费特征，完善与市场发展相配套的政策法规是做好市场产品开发和激活时尚消费的重要前提。当前，品牌消费、服务消费和体验消费已经成为时尚产业发展的趋势，充分挖掘北京市传统文化资源，丰富北京市时尚消费需求。

从政策内容来看，激发时尚消费需求的相关政策主要可以概括为以下几点：

（1）繁荣首店首发经济，满足年轻人的时尚消费需求。

（2）加强时尚教育与时尚培育，增强人民对时尚消费的认可性，培育潜在时尚市场主体。

（3）促进时尚与文化、体育融合，鼓励发展时尚休闲项目，满足新型时尚旅游消费群体的需求。

从政策的落实情况来看，北京市时尚经济的发展营造了良好的消费氛围。根据《北京时尚消费报告》，当前北京市首店经济发展迅速，对于提升城市时尚和促进生产方式多样化具有示范引领效应。2019年登上北京首店排行榜的有878家，在北京开设首店的国内品牌占81.7%、国外品牌占18.3%，以上数据说明北京时尚消费发展存在巨大潜力，首店经济、时尚体育、时尚文化等时尚消费将是未来时尚消费的重要方向。

（四）提升时尚消费供给的相关政策

提升时尚消费供给水平是时尚产业实现高质量发展的关键，也是时尚消费政策的重心所在。只有具备了一定的时尚产品供给能力，才能在时尚消费体验中获得满足感，增强时尚消费生活的品位层次。2011—2020年北京市24份时尚消费政策文本中有13份涉及时尚消费供给领域政策，说明时尚消费供给是当前政府促进时尚产业发展的重点，也是北京市人民群众最为关心时尚消费发展的方向。

从政策内容来看，北京市提升时尚消费供给的相关政策集中体现为以下几点：

（1）打造时尚消费品牌，北京市发展时尚消费品牌既包括国外时尚品牌引进政策，也包括本土消费品牌的培育政策，时尚消费品牌是提升北京市时尚产业影响力的重要因素。

（2）鼓励高端时尚产品生产制造，北京市《鼓励发展的高精尖产品目录（2016年版）》中将高端时尚产品列为设计创意产品类别，高端时尚产品也是北京市产业结构向高精尖方向发展的重要体现。

（3）搭建时尚产业平台，时尚平台不仅是时尚产品、时尚创新的集中展示，还是时尚产品设计、研发的综合性基地。北京时尚产业平台建设主要包括北京服装周、北京国际美食盛典、北京国际旅游博览会等特色展览活动，同时围绕文化、科技与时尚的融合，建立一系列时尚设计、时尚研发和时尚文化创意的研发基地和产业园区。

（4）培育时尚消费新业态，围绕网络消费、定制消费、体验消费等时尚消费活动，提倡大力培育时尚消费新业态。

（5）创新时尚消费场景，重点围绕北京市夜间经济发展，创造北京夜间消费场景，打造夜间消费“文化IP”。

从政策的落实情况来看，北京市提升时尚供给政策，增强了时尚产品供给，特别是从2016年开始的“北京时装周”，经过多年的发展，已经成为北京市向世界展示时尚，同时让世界了解中国时尚的一个窗口，北京时装周与时尚地标并行，时尚消费规模、品质、国际化程度逐年攀升。

（五）拓展时尚消费空间的相关政策

时尚地标、特色街区、产业基地等时尚消费空间，既是促进时尚产业发展的基础，也是建设国际时尚之都的重要载体。北京市时尚消费空间布局在全市总体规划的框架下，时尚消费空间不断优化、不断拓展。

从政策内容来看，北京市拓展时尚消费空间的相关政策主要表现为以下几点：

（1）打造有影响力的时尚消费商圈。

（2）与历史文化古迹结合，打造若干时尚地标，鼓励发展时尚街区。

（3）建立时尚产业集聚区，发展特色鲜明的时尚产业集群。

从政策的落实情况来看，北京市拓展时尚消费空间政策，为北京市打造了一批世界级地标性商圈。根据北京市商务局发布的《北京市商圈活力研究报告》，CBD、王府井、三里屯三大时尚消费商圈的综合排名居前三位，时尚消费新业态不断涌现，倍受年轻人青睐。2020年，北京SKP的销售额创下177亿元的新高，实现15%的增长，单店销售额、每平方米销售产出均为全球第一，问鼎全球“店王”。

（六）营造时尚消费环境的相关政策

最大限度保障消费者权益是日常消费中政府市场管理的重要目标。时尚消费产品作为高端消费的代表，营造时尚消费环境，营造良好的时尚消费氛围，是促进时尚产业可持续发展的重要保障。

从政策内容来看，北京市营造时尚消费环境的相关政策针对性较少，主要原因在于时尚产业正处于起步发展阶段，时尚产品既纳入普通商品的市场管理体系，同时高端时尚商品本身也具备良好的服务体系。当前，营造时尚消费环境政策主要表现在时尚设计创新中心的资质认定，以先进标准促进消费品质的提升。

从政策的落实情况来看，北京市时尚消费环境不断优化，经认定的时尚设计企业数量不断增多。2020年北京市科学技术委员会认定的“北京市设计创新中心”共21家，其中北京欣邑东方装饰有限公司、北京天工艺彩文化传播有限公司等七家企业与时尚消费领域密切相关。

北京时尚消费相关政策落实已经取得了显著成就，有效地促进了北京市时尚产业的高质量发展，但就政策落地的实际效果来看，当前北京市时尚消费政策注重硬件而忽视软件、强调需求侧而忽略供给侧，重视消费激励而忽视监管。与其他国内消费中心城市相比，浙江省于2020年出台的相关政策，推出了16项提振消费增长的重点措施，旨在着力打造重点消费时尚风向标。浙江省首批28家企业为离境退税店，遍布浙江省多个地市，第二批离境退税商店也已经开始备案，需求政策与供给政策协同发力，增强了时尚消费政策的实施力度，保障时尚消费政策对于时尚产业发展的促进作用。

四、优化北京市时尚消费政策的对策与建议

围绕首都“四个中心”的城市战略定位，加快时尚产业发展，完善北京市时尚消费产业政策，保证政策质量，提高政策服务质量，确保政策适用高效，让时尚经济在北京市建设国际消费中心城市过程中发挥重要支撑作用，未来北京时尚消费政策应该重点关注以下领域：

（一）目标导向，明确时尚之都定位

1. 明确提出“国际时尚之都”的城市发展定位

以社会需求为导向，顺应时代潮流，尽快明确北京市建设“国际时尚之都”的发展定位。时尚产业发展与北京市“四个中心”建设密切相关，提出“时尚之都”的发展城市定位，更有利于吸引国内外优质时尚资源集聚北京，提升时尚产业在城市发展中的影响力。

2. 构建以时尚产业为核心的行业管理协调办法

从时尚消费政策的分析来看，时尚产业政策涉及多个部门，在一定程度上存在着多头管理的问题，建议设立时尚产业领导小组办公室，统筹协调时尚产业发展的重要事项。

3. 建设时尚科技创新联盟

建议北京市服装纺织协会联合中国纺织工业联合会等社会组织，以协会为依托，以市场为导向，建立时尚科技创新联盟，为时尚产业发展解决核心技术性问题，依据新一代信息技术搭建有全球影响力的时尚科技传播平台，形成时尚产业链与科技创新链协同发展的格局。

（二）平台赋能，打造核心时尚空间

1. 规划核心时尚设计空间

平台经济是新经济时代消费产业发展的新动能，平台经济赋能时尚产业，打造首都时尚消费核心空间。以通州区台湖镇建设“北京设计产业集聚区——设计硅谷”的契机，建设新型时尚设计平台，促进时尚与科技融合发展。

2. 构建综合性时尚产业集聚功能区

以798艺术区为依托，完善消费业态，提升时尚消费能力，打造一个融合时尚创意中心、发布中心、消费中心的综合性时尚产业集聚功能区。

3. 建设国际时尚消费核心区

以三里屯为核心，建设国际时尚消费中心核心区，增强时尚消费对北京乃至全国经济发展的引领性作用。

（三）重点突破，提升时尚消费水平

1. 增加北京市免税店数量

探索超常规政策思路，突破限制时尚产业发展的领域。在北京机场等免税购物店政策探索的基础上，针对北京免税店数量较少的问题，增加市内免税购物店数量，特别是在全市重点商圈增加免税购物店，逐步扩大免税商品种类，为时尚消费新业态带来足够规模支撑，拉动旅游、航空、酒店、餐饮等综合性消费。

2. 鼓励时尚企业研发创新

要鼓励时尚企业研发创新，经认定可享受高新技术企业税收优惠政策，激发时尚主体创新创业活力。

3. 增强小微企业的扶持力度

要增强小微时尚企业的扶持力度，采取各种手段促进资本的多元化，优化设计产业投资融资环境，建立和完善时尚设计产业知识产权抵押评估体系，鼓励时尚企业的兼并、重组，同时引导各类创业投资基金、风险投资基金投向中小时尚企业。

（四）开放创新，构建时尚开放格局

1. 加强国际院校合作

创新全球化时代，发展时尚产业必须坚持开放创新，构建时尚经济的开放发展格局。积极与国际时尚院校合作，建立新型时尚教育机构，直接对接国际最先进的时尚设计理念。

2. 增强国际企业合作

鼓励全球时尚企业来华建立时尚研发中心，增强企业国际合作。

3. 支持时尚产业“走出去”

要扩大时尚产业对外开放、引进前沿的时尚理念和营销策略，提升本土时尚品牌影响力，支持自主时尚品牌和优势企业“走出去”。

（五）系统思维，完善公共服务体系

1. 创新时尚产业公共服务机制

完善时尚产业公共服务体系，搭建信息发布、研发设计、时尚产品推广等领域的高端发展平台，将是促进时尚企业健康发展的有力支持条件。创新时尚产业公共服务运行机制。依托北京时尚院校和产业基础，完善全市时尚产业公共服务体系，建立时尚资源、信息、服务等方面的公共服务平台，提高时尚创新资源共享化程度。

2. 加速国际时尚人才的培养

以培育国际时尚设计大师为目标，加大全球范围内的产学研合作，增派优秀人才参与国际时尚院校交流，主动参与国际时尚活动，增强产业互动，培育我国时尚产业发展所需要的复合型人才。

3. 引导规范线上时尚消费

随着我国电子商务消费日益扩大，网络欺诈、个人信息泄露等现象时有发生，建立时尚消费安全保障机制，加强行业监管，引导时尚消费市场规范有序发展。

（陈文晖　北京服装学院中国时尚研究院
王智毓　北京交通大学经济管理学院
马晓青　北京北服资产管理有限公司）

参考文献

[1] 洪涛，郄红梅. 新时代消费升级的中国时尚消费[J]. 消费经济，2018，34（2）：28-36.

[2] 唐忆文，詹歆晔，蔡云，等. 国际时尚产业发展趋势及上海借鉴[J]. 上海文化，2013（4）：66-72.

[3] 陈文晖，熊兴，王婧倩. 消费升级背景下时尚产业发展战略研究[J]. 价格理论与实践，2018（5）：155-158.

[4] 田超杰. 时尚消费价值的维度分析与实证研究[J]. 现代管理科学，2013（6）：114-116.

[5] 赵洪珊，李晓慧. “世界城市”建设中北京时尚产业的发展策略[J]. 经营与管理，2014（6）：28-30.

[6] 王便芳. 时尚消费中情感走向及营销对策[J]. 经济经纬，2006（5）：120-122.

[7] 江飞涛. 理解中国产业政策[M]. 北京：中信出版社，2021.

[8] 陈文晖，王婧倩，熊兴. 北京设计产业政策发展及产业政策建议[J]. 设计，2018（18）：100-102.

[9] 陈文晖，熊兴，王婧倩. 我国时尚产业政策回顾及未来展望[J]. 中国物价，2018（10）：81–84.

[10] 高骞. 上海时尚产业政策研究[J]. 科学发展，2009（10）：87–95.

[11] 王文，王军霞. 北京文化创意产业政策探析[J]. 中国国情国力，2017（12）：58–61.

[12] 刘斌. 北京动漫产业政策实施效果与评价[J]. 现代传播（中国传媒大学学报），2013，35（1）：100–104.

[13] 童碧莎，张辉. 新常态下我国旅游政策框架体系创新研究[J]. 北京第二外国语学院学报，2015，37（7）：1–6.

[14] 李子晨. 时尚潮流引领消费市场提档升级[N]. 国际商报.

[15] 王雪. 2020全国主要连锁商场“店王”业绩排行榜.

第八章 朝阳区时尚产业发展研究

时尚产业是最凝聚创新创意的产业，创新就是时尚，时尚在于创新；时尚产业是最能彰显文化软实力的产业，文化是时尚的灵魂，时尚是文化的生命；时尚产业是最能展现国际化程度的产业，是任何一个世界性城市建设都无法回避的话题。围绕首都“四个中心”功能定位，北京市朝阳区致力于打造国际交往的“中国窗口”，那么，时尚产业就是让世界重新认识中国的“朝阳名片”。未来，大力发展时尚产业，不仅是朝阳区构建现代产业体系的必然选择，更是首都建设国际消费中心城市的必由之路。

一、朝阳区时尚产业发展的重大意义

时尚产业是典型的都市产业，作为最能诠释城市文化特征与现代魅力的产业，将是未来城市经济发展不可或缺的助推器之一。朝阳区作为北京对外开放的门户，加快发展时尚产业对于建设北京国际交往中心区、国际消费中心前沿阵地和文化创新引领区具有重大现实意义和深远战略影响。

（一）构建首都国际交往中心区的新举措

时尚产业具有促进文化传播的独特机制，具有国际化程度高、文化影响力大的特征，在促进国际文化交流、提升我国文化影响力方面具有举足轻重的作用。朝阳区作为首都功能的重要承载区域，将迎来发展能级全面跃升的重大机遇。大力发展时尚产业，有利于加速优质国际化资源要素集聚朝阳，有效提升朝阳区对于国际时尚品牌、创意设计人才吸引力，不仅助力朝阳区打造为具有广泛国际影响力和竞争力的北京国际交往中心区，而且有利于服务于首都“四个中心”功能定位的新举措。

（二）打造国际消费中心城市主承载区的新要求

在全球经济深入融合的背景下，消费升级潮流不可逆转，消费升级趋势不可阻挡，时尚产业是引领消费导向、激活消费需求、创新消费业态过程中最具渗透力的经济形态。随着我国区域经济发展“南北分化”态势不断加剧，杭州、成都、合肥等一批新兴城市强势崛起，二三线城市的人才吸引力、创新活力和宜居宜业能力快速提升。在新一轮城市群竞争格局中，北京朝阳区传统比较优势逐步减弱，对高端要素的吸引力有所降低，加之新冠肺炎疫情影响的不确定性，未来留住高端要素的难度加大。因此，朝阳区大力发展时尚经济，有利于提升国际消费吸引力和引领度，既是全面推进“两区”建设的新需求，也是打造国际消费中心城市主承载区的新要求。

（三）探索首都文化创新引领区的新引擎

米兰、巴黎、伦敦、纽约和东京五大世界时尚之都的经验表明，时尚产业是任何一个世界级城市建设都无法跳过的一道考题。时尚产业属于生产性服务业，是新兴产业的代表，能够有效调动城市文化资源，激活城市创新活力。当前，产业迭代不断加速，科技创新对传统业态颠覆式冲击日益加剧，信息技术与实体经济融合发展态势明显。朝阳区以高端商务服务业为核心的现代产业体系，不仅面临新模式、新场景强势崛起的挑战，而且亟须构建创新驱动的产业体系，加速新旧动能转换。围绕首都“四个中心”建设，朝阳区大力发展时尚产业，既可活跃时尚生态体系，又可促进时尚与文化的业态融合，提升区域文化创新能力和文化服务能力，是朝阳区建设首都文化创新引领区的新引擎。

二、朝阳区时尚产业发展的历史机遇

当前，我国已经成为世界第二大经济体，朝阳区作为首都北京对外交往的门户，随着我国走近世界舞台中央，国际资源的要素赋能、发展新格局的结构赋能、数字经济的技术赋能、大国首都的政策赋能，将为朝阳区时尚产业带来新的发展机遇。

（一）国际国内资源链接的要素赋能

作为都市产业的典型，时尚产业具有很强的融合性、引领性和独特性特征，与经济、文化、教育等相互促进，与创新创业密切相关。作为北京市“两区”建设的主阵地，朝阳区依托雄厚的经济基础，大力发展时尚新经济，链接国际国内双重创新资源，汇聚全球创新要素，吸引国际时尚设计人才和时尚会展落户朝阳，通过要素赋能，构建朝阳区现代高端产业体系，促进首都经济的高质量发展。

（二）融入新发展格局的结构赋能

朝阳区作为首都功能的重要承载区域，时尚产业将成为朝阳区发展的新城市名片。新发展格局的构建，有利于朝阳区发挥“双循环”交汇点的优势，国际资源要素配置的枢纽功能将得到强化。在复杂多变的外部形势下，首都参与国际合作竞争需要高水平的要素流动通道。在北京“两区”建设过程中，朝阳区依靠厚实的经济基础，较高的市场化水平，综合优势明显，有利于加快融入“双循环”的新格局，实现时尚产业的结构赋能。

（三）数字经济日新月异的科技赋能

随着数字技术的普遍应用，全球数字经济强势崛起，传统产业的数字化变革不断深入，朝阳区借助发达的时尚服务网络，进一步增强时尚经济的体验感与参与感，发展体验经济，实现“弯道超车”。以5G、区块链、工业互联网、人工智能等为代表的数字技术正在推动产业组织模式、分工模式、服务模式发生重大变革。朝阳区高端商务服务产业体系不断完善，丰富的数字技术应用场景日益涌现，有利于加速形成数字经济发展的产业生态，为经济社会发展注入科技动能。

（四）大国首都功能定位的政策赋能

围绕首都“四个中心”功能定位的各项建设正在深入推进，大国首都功能定位不仅是城市未来发展的明确方向，更是全市行动一致的要素纲领。同时，“十四五”规划也赋予了朝阳区新的功能定位，将“文化、国际化、大尺度绿化”作为朝阳区的主攻方向，第四使馆区建设、2022年冬奥会举办、温榆河公园建设、重大交通枢纽布局等重大任务和重大工程，为城市建设发展带来了新的动力。随着北京“四个中心”“四个服务”的能量进一步释放，北京市大国首都功能定位不断明确，为朝阳区时尚发展给予了政策赋能。

三、朝阳区时尚产业发展的产业基础

朝阳区大力发展时尚产业恰逢良好的发展机遇，在消费潜力、市场空间、产业基础、新兴业态、科教资源等方面都具有坚实的时尚产业发展基础。

（一）强劲的消费引力

时尚产业发展与城市经济发展水平和人口规模密切相关。“十三五”期间，朝阳区经济快速发展，雄厚的经济实力与人口密集度是朝阳区时尚产业发展的坚实基础。根据北京市统计局数据，至2020年底，朝阳区常住人口数为345.1万人，是北京市常住人口最多的区，比排在第二位的海淀区多31.8万人（图8-1）。庞大的城市人口规模是时尚产业发展所需要的消费吸引力。

与此同时，朝阳区人均GDP和人均可支配收入两项指标，均高于北京市均值，且位居前列。按年平均常住人口计算，2016—2020年，西城区、东城区、海淀区、朝阳区和顺义区共5个区的人均GDP超过1万元（图8-2）；朝阳区人均可支配收入由2016年的60056元，增加到了2020年的78721元（图8-3）。随着人民收入水平的不断提高，消费升级将推动传统消费需求向现代时尚消费需求转变，时尚需求消费吸引力不断增强。

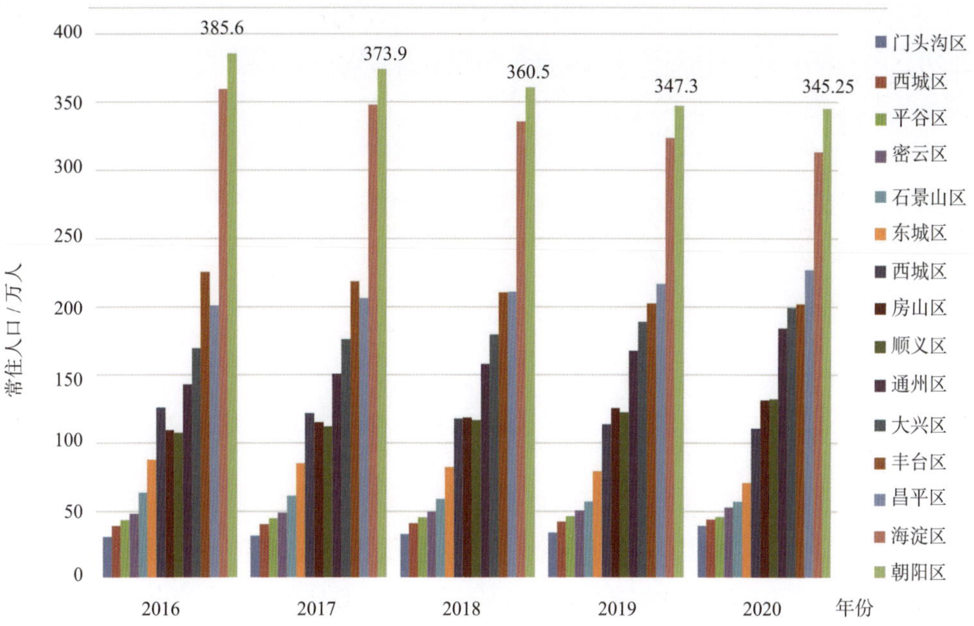

图 8-1　2016—2020 年北京市各区年末常住人口数

数据来源：北京市统计局网站。

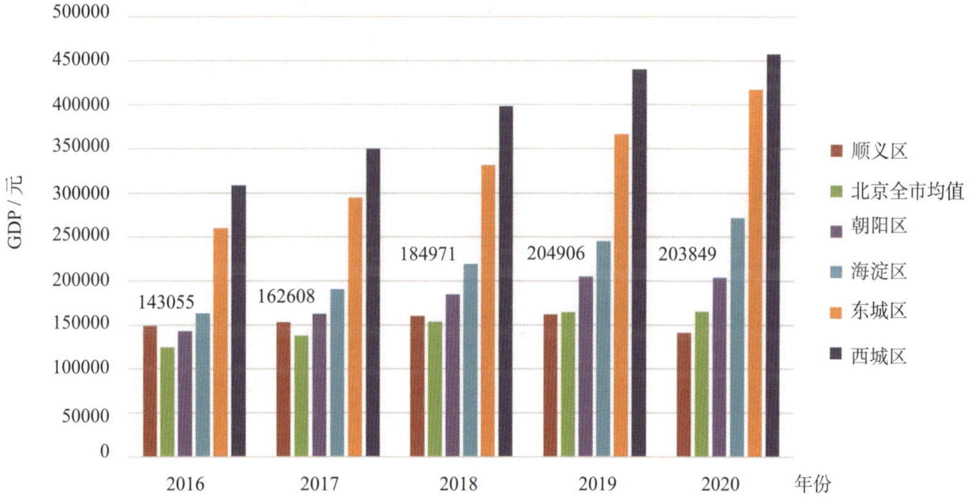

图 8-2　2016—2020 年北京市及五区人均地区 GDP

数据来源：北京市统计局网站。

（二）巨大的市场潜力

随着国内消费升级的不断加速，商品消费日益多样化，服务消费不断高端化，消费业态边界加快新兴领域拓展，这为朝阳区发展时尚产业注入了巨大的市场消费潜力。根据《2021 年北京居民网购消费升级专项调研报告》显示，按照商品购买人数占比排序，服装

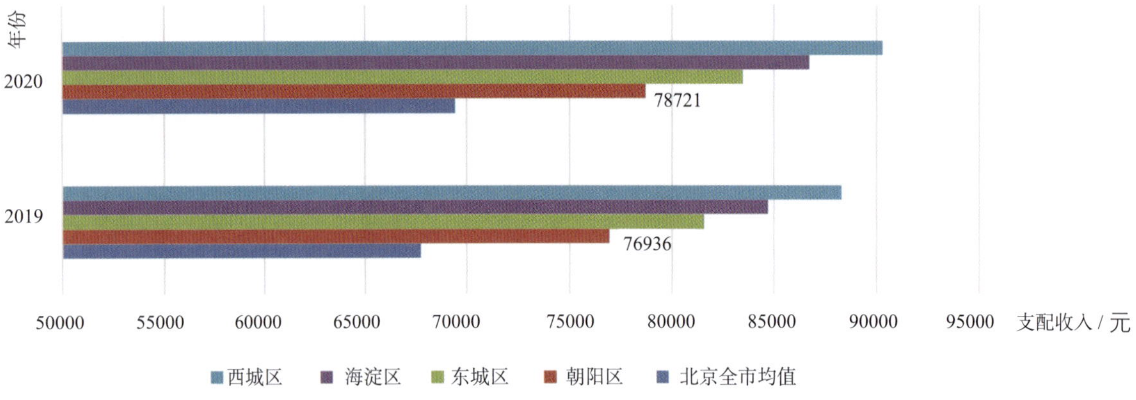

图 8-3　2016—2020 年北京市及五区人均可支配收入

数据来源：北京市统计局网站。

鞋帽和针纺织品的网购人次最多，占比68.6%。移动互联网的发展不仅迭代升级了人们的网络消费体验，而且对人民群众的文化消费、休闲娱乐、餐饮服务和教育培训均产生了深远的影响。

在文化时尚消费方面，北京市文化时尚消费总量和人均文化消费支出两项指标均呈现大幅提升态势（图8-4）。2016年以来，北京市居民消费价格指数及时尚相关分类指数稳步提高，加之每年来华、来京游客集聚，在纺织服装和文化创意产品中的时尚消费能力在全国乃至全球首屈一指。朝阳区不仅是时尚文化消费的重要承载区，也是北京对外文化交流的主要窗口，集聚了50%的北京外籍人士、98%的外国驻华大使馆、90%的国际传媒机构、80%的外资商会和金融机构，50%的国际学校及30%的涉外五星级酒店，朝阳区对外

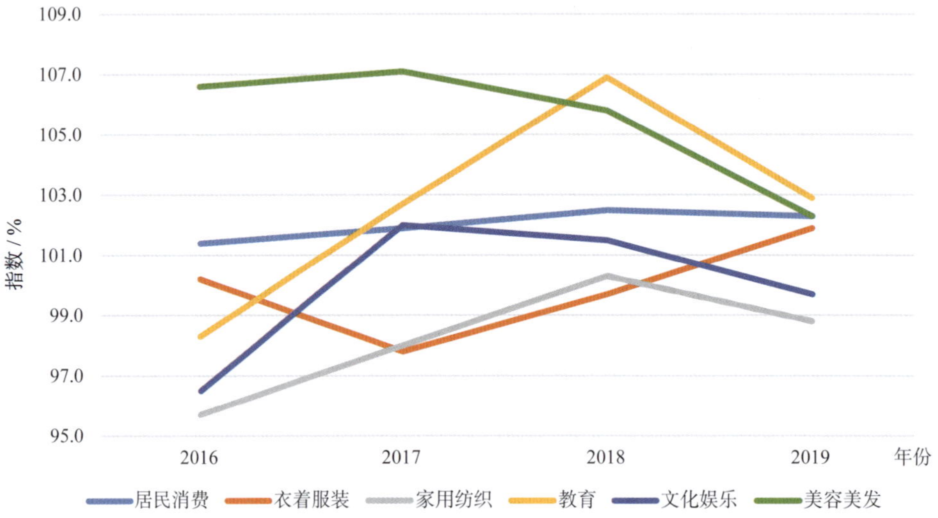

图 8-4　2016—2019 年北京市居民消费价格指数及时尚相关分类指数

图片来源：北京市统计局网站。

服务能力与服务水平全市首屈一指，未来时尚消费的市场潜力依旧巨大。

（三）坚实的产业实力

朝阳区具有发展时尚产业的坚实基础，坚实的产业实力将助力时尚经济的再次腾飞。在时尚品牌建设方面，朝阳区汇集了铜牛、雪莲、光华、京工和京棉五大国际服装集团品牌和国内著名服装企业，爱慕内衣、东尚制衣、天坛衬衫、雷蒙服装等国家级、市级服装名牌。这些品牌为朝阳区传统纺织产业转型升级提供动力，也为朝阳区现代时尚消费创新发展注入活力。如京工集团以国潮带动老字号的传承与发展，积极推动品牌的线上线下协同发展，筹建“京工1961”微商城，通过“商城 + 直播”助力品牌销售裂变式增长，尝试品牌运营发展新模式（图8–5）。

图 8–5　北京京工服装集团

图片来源：北京京工服装集团宣传材料。

在时尚与文化创意产业融合发展方面，时尚产业正在成为朝阳区传统产业转型升级的引擎，引领全国文化时尚发展潮流的作用更加彰显。统计数据显示，2019年朝阳区文化产业实现收入2703.0亿元，占北京市的20.0%（图8–6）。截至2020年底，规模以上企业达1969家。

从朝阳区时尚产业发展特点看，产业呈集群式发展，在文化创意、设计等与时尚产业高价值环节相关的产业方面实力雄厚。朝阳区聚集了一批文化创意产业园区，文化创意产业园是时尚产业的重要载体，798艺术区和751D·PARK北京时尚设计广场均在国家工业遗产基础上改造而来，已形成集聚发展态势，成为时尚产业新地标。截至2020年底，朝阳区文化产业园区数量达到102家。

（四）强劲的创新推动力

科技创新是推动时尚创意产业发展的强大引擎和内在动力，为朝阳区发展时尚经济提供了有力支撑。北京定位于全国科技创新中心，朝阳区也为构建首都“高、精、尖”产业

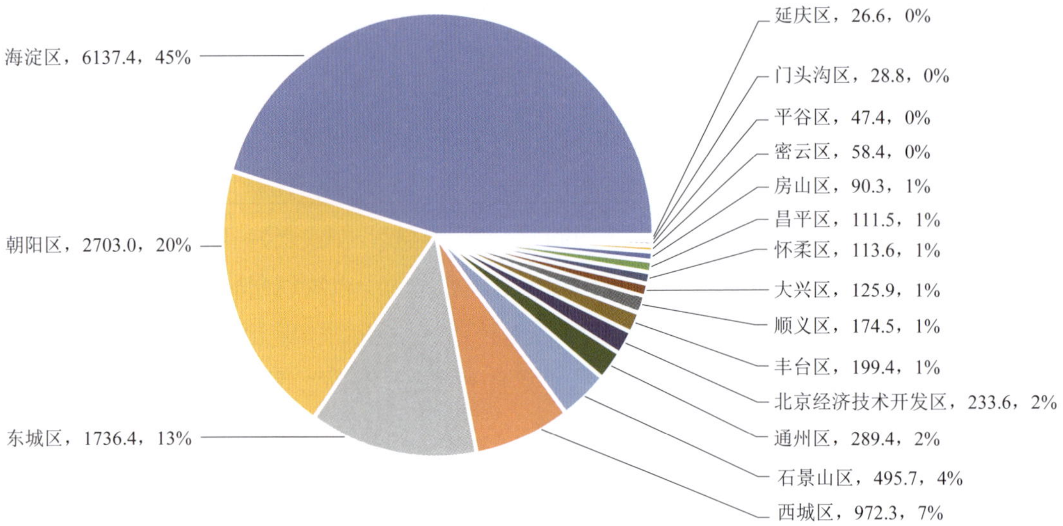

图 8-6　2019 年北京市文化产业规模以上企业营业收入（单位：亿元）

数据来源：北京市统计局网站。

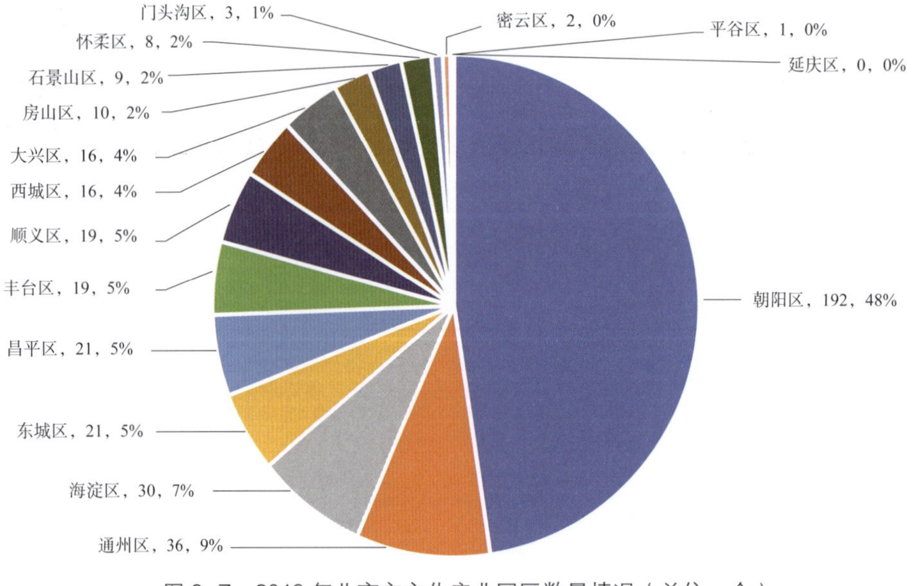

图 8-7　2019 年北京市文化产业园区数量情况（单位：个）

数据来源：北京市文化创意产业园区发展分析（搜狐网）。

体系和人才培养基地提供重要的智力支持。朝阳区汇聚了时尚产业发展所需的各种高端要素，其专业性、代表性、权威性的时尚科研机构成为时尚产业发展最强劲的创新推动力。区内拥有以北京服装学院、中央美术学院为代表的时尚高等院校，以中国纺织科学研究院、中国服装研究设计中心、中国服装设计师协会、国家纺织制品质量监督检验中心为代表的时尚产学研组织，以中国国际展览中心、中国国际贸易中心、中国国际服装服饰博览会等为代表的时尚平台，以中国国际时装周、时尚设计周为代表的国际时尚活动。同时，凭借高端国际商务服务的优势地位，高质量人才、信息、资金、技术等资源高度集聚，为朝阳区时尚产业发展提供了持续的创新动力。

（五）涌现的业态辐射力

随着时尚消费商圈的带动与辐射，朝阳区在服装产业出口贸易交易市场转型发展方面取得成效，共有消费商圈15个，新兴时尚消费业态不断涌现，时尚发布、创意设计成为时尚新业态辐射中心。随着科技赋能传统消费不断探索，朝阳区形成了以北京CBD、三里屯等地标性商圈为节点，以道路、街巷、河流、轨道交通为连接纽带的商业网络，呈现出体量大、业态全、国际化、品质高、活力强的特点。首店经济和夜间经济成为时尚朝阳的亮点。首店经济方面，2021年上半年共有434家首店（含旗舰店）落地北京，其中227家入驻朝阳区，占比52%，数量位居全市第一，此外，87家首店选择三里屯商圈，49家首店择址北京CBD商圈，两大商圈聚集了北京上半年三成首店，常营商圈也吸引了22家首店位居全市商圈前列（图8-8）。

位于北京CBD商圈的SKP于2007年开业，以“数字—模拟—未来”为主题，打造全新零售概念高端百货，2020年单店销售额达177亿元，实现高端百货单店销售额、每平方

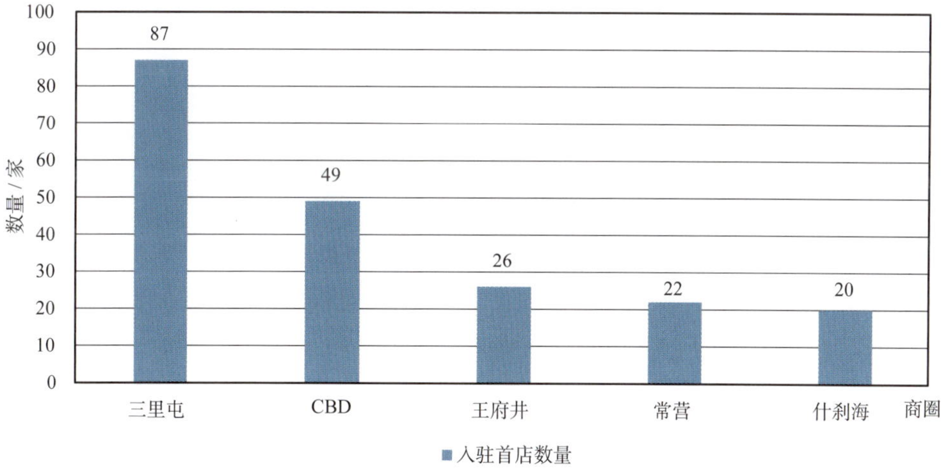

图8-8　2021上半年北京首店热门商圈TOP5排行榜（单位：家）

数据来源：2021年上半年北京首店经济观察（百家号）。

米销售产出全球“双第一”（图8-9）。同时，朝阳区现有奥特莱斯购物中心3家（占全市50%），米其林餐厅18家（占全市60%），黑珍珠餐厅24家（占全市68%）。另外，朝阳区占据了全市首批“夜京城”地标和“夜京城商圈”数量的一半以上，占据十大商圈的六个

席位（北京CBD商圈位居第一、三里屯商圈位居第三、亚奥、双井、朝外、望京4个商圈进入前十），朝阳区时尚新业态的辐射带动能力不断增强。

然而，朝阳区在加快发展时尚产业方面虽然已经具备了较好的基础条件，但对标国内外知名的时尚中心区仍存在较大差距，主要表现在以下几个方面：

图 8-9　北京 CBD 商圈的 SKP

图片来源：学习强国、百度百科。

1. 时尚产业链的高价值环节相对薄弱

本土设计能力较弱，中国文化与时尚设计融合刚刚起步，缺乏具有国际影响力的本土自主时尚品牌和龙头企业，订单中心和营销总部尚未形成，对时尚产业链核心价值的掌控度和话语权方面仍有较大的提升空间。

2. 时尚产业发展所需的高端要素相对不足

时尚产业所需要的高层次设计、营销和管理专业人才总量和相关教育资源不足，创新研发体系尚未形成，创意、设计、制造、营销、推广、培训等环节存在割裂，导致产业链整体竞争力不强。

3. 世界级商圈数量有待提升

虽然北京CBD商圈已经进入世界级商圈行列，但是与巴黎、纽约、伦敦等世界城市相比，北京世界级商圈仅有国贸一家，与巴黎5家、纽约4家和伦敦3家世界级商圈相比，难以形成协同效应，难以发挥支撑时尚消费的合力（图8-10）。

4. 时尚产业综合配套水平并不完善

随着传统制造业在北京城区的逐步疏散，时尚产业链部分环节向外转移，短时间内产业综合配套的协同力不足，影响时尚产品研发生产进度，同时引领未来时尚消费的地标性场所和消费场景有待提升。

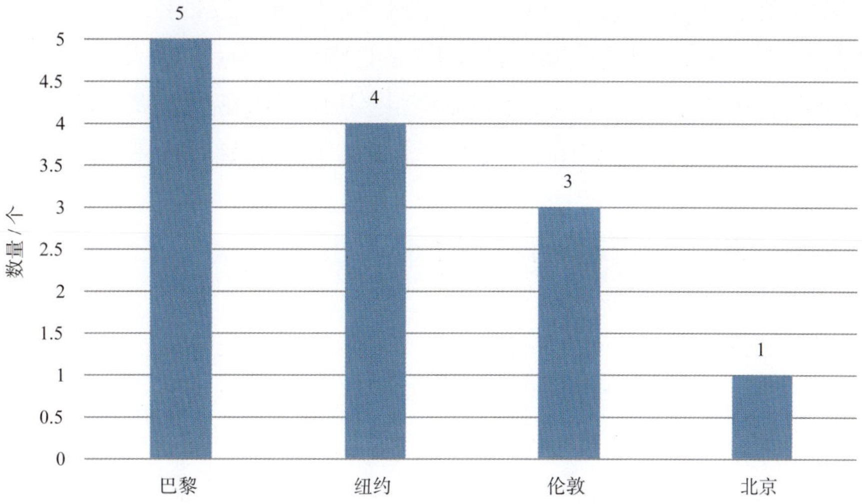

图 8-10　2020 年巴黎、纽约、伦敦、北京四大城市世界级商圈数量情况

图片来源：作者整理。

四、朝阳区时尚产业发展的微观特色

朝阳区作为首都对外开放的窗口，市场体系和市场要素发育比较成熟，全面营造国际一流营商环境，为时尚产业的发展提供了宽松的环境，为时尚产业微观主体的特色发展提供了良好的展示平台。

（一）798 艺术区：老旧厂房保护利用的先行者

798 艺术区是我国在文化创意领域进行老旧厂房保护利用的先行者，是旧厂房创意改造的典范，具有很高的社会影响力和国际知名度，成为我国文化艺术输出展示的重要平台。798 艺术区成功的经验主要体现为以下两个方面：

1. 紧跟市场需求

798 艺术区的发展紧跟市场需求，其发展历程可以分为初创阶段、起步阶段、发展阶段和转型阶段。798 艺术区的前身是 1951 年建立的“国营华北无线电联合器材厂”，为配合北京市政府建设规划，该厂迁走部分产业并以低价对外短期出租空闲的旧厂房。中央美术学院校址的搬迁为 798 艺术区的建立奠定了基础，随着 LOFT 生活方式在 20 世纪 90 年代末传入我国，798 艺术区因租金低廉、空间高大、建筑风格个性化、临近中央美术学院等，吸引了艺术创作人员前来租住厂房并进行创作，进而艺术家和艺术机构相继入驻，此时的 798 艺术区已初具规模并具有了一定的知名度。798 艺术区自 2002 年起进入起步阶段，以日本东京画廊的入驻为标志，随后艺术家群体和机构数量快速增长，尤其是国际著名画廊的加入，促进了 798 艺术区相关产业的高质量发展。798 艺术区自 2006 年进入发展阶段，以北京市将文化创意产业列为“十一五”规划纲要中重点发展的产业为标志，随后，尤伦斯当代艺术中心入驻，同时因2008年北京奥运会带来的大量游客，商业气息日益浓厚，园区发展出现了疲软之势，又因金融危机和房租纠纷问题出现了艺术家逃离798艺术区的现象。目前，798艺术区内艺术形式丰富，艺术家工作室和画廊进入稳步发展阶段，成了朝阳区向外展示交流的重要平台，现已由一个近乎荒废的旧厂区成长为现代文化艺术的聚集地，并呈现向文化艺术旅游区慢慢转变的趋势。

2. 多业态融合发展

798艺术区通过艺术和市场的深度融合，汇聚各种艺术表现形式，成为艺术创造和艺术作品的展示平台。目前，798艺术区的运作形式主要有画廊、设计公司和工作室、个性化创意店铺、文化艺术节等方式。画廊是艺术家与艺术区缔结契约的载体，画廊可以帮助艺术家宣传展示作品，同时，艺术家为画廊提供可以销售的作品。设计公司和工作室是798艺术区重要的内容，这些公司借助798艺术区的名声和文化，开展个性化定制经营活动，目前，经营情况相对较好。与艺术相融合的咖啡厅、酒吧和创意店铺是798艺术区的重要组成部分。此外，798艺术区每年会举办文化艺术节，如各种展览、演出和发布会等，这成为艺术区最有代表性的活动，使艺术与公众的距离进一步拉近，成为艺术创意产业理念传播的重要渠道，艺术区的社会影响力也在不断增强（图8-11）。

798艺术区已成为朝阳区时尚产业的标志性载体，但其发展仍存在定位逐渐偏离单纯的艺术区、房租越发高昂等系列问题。

图8-11　游人在798壁画前拍照和《798—跨越时代的包豪斯》展览现场

图片来源：百家号。

（二）751D·PARK 北京时尚设计广场：打造设计产业交易平台

在国营751厂基础上改建形成的751D·PARK北京时尚设计广场，正东集团751厂是该艺术区的运营主体，文化创意产业是该艺术区重要的业务。751D·PARK北京时尚设计广场转型成功的原因主要在于以下两个方面：

1. 企业积极转型发展

政府在政策和资金方面，大力支持老旧厂房和工业遗产改造，为时尚设计广场的成功转型奠定了基础。艺术区的主要运作主体正东集团，积极转变思路，聘请外部专家进行咨询，并到德国鲁尔区考察学习，充分挖掘工业遗产的文化价值，从实际功用和时尚外观两方面着手将那些设备再利用，有效地延伸了产业链，推动了艺术区向时尚产业的转型升级发展。此外，成立了创意产业办公室和迪百可文化发展有限公司，文化创意发展体系的构建有效激活了艺术区的文化内涵。

2.社会组织发挥效用

在751D·PARK北京时尚设计广场建设的初期，在政府的牵头下，中国服装设计师协会与751建立了合作关系。中国服装协会充分发挥其强大的组织能力和影响力，促进了设计师的进驻和时尚设计集聚区域的形成。与此同时，中国服装设计协会得益于751每年定期举办的时装设计周和发布会，其知名度和影响力也不断增强。目前，751D·PARK已经形成了服装设计、汽车设计、家居设计等各大街区，并实现了项目孵化、交流、发布、销售一体化（图8-12）。

图8-12　751D·PARK火车头广场和园区一角

图片来源：搜狐网。

（三）SKP南区：新零售背景下时尚消费的新地标

消费是时尚产业的重要组成部分，SKP南区和郎园Station在传统消费品牌的转型升级和新消费品牌的孵化成长过程中进行了有益探索，逐渐形成了独具特色的发展模式。

北京SKP购物中心前身是北京新光天地购物中心，通过不断地调整和创新，2019年，升级推出的SKP南区已成为新零售背景下时尚消费的新地标。SKP南区成为店王的原因在于其精准的高端商品与高品质服务的定位，将艺术、科技、时尚与商业有机融合，注重消费者的时尚消费体验，培育自营买手团队，实现了中国消费者时尚消费的零时差，积极吸引一线品牌商入驻，发挥“首店经济”的作用，促进了传统零售向新零售的转型（图8-13）。

图 8-13　SKP 南区科学艺术装置和“东方恒变”沉浸式艺术展览

图片来源：学习强国。

（四）郎园Station：新消费品牌孵化基地

2021年3月29日，朝阳区为首创•郎园Station挂牌“新消费品牌孵化基地”授牌，使其成为北京市新消费品牌孵化基地首批试点项目。郎园Station集合了多个领域的孵化器、创客空间、文创内容生成与输出平台，形成了以时尚秀场、影视传媒、文化餐饮为代表的国际时尚创意狩猎区。在园区运营方面，企业入驻主要考虑入园企业是否能与已有企业形成有效互补，并为企业提供综合配套服务，进而形成完善的产业生态，促进了企业、园区的合作（图8-14）。

聚焦时尚范，通过开展森林城市艺术节、打造共享空间、举办北京服装学院毕业生作品展示秀、开设创意市集等，践行场景+流量孵化理念。作为四个新消费品牌孵化试点基地之一的朝阳区郎园Station，聚焦“7×24小时多场景国际潮流公园”的核心定位，通过开展艺术节、打造共享空间、开设创意市集等，率先探索孵化模式和经验，帮助新消费品牌成长。

图 8-14　首创郎园 Station 场景

图片来源：搜狐网。

五、朝阳区时尚产业发展的总体策略

为紧抓时尚产业发展的机遇，突出朝阳区时尚产业发展的基础和特色，借鉴国内外时尚城市发展经验，以此来形成朝阳区时尚产业发展的总体思路和发展定位。

（一）发展思路

聚焦首都“四个中心”功能建设，坚持创意引领、科技赋能、产业集聚、国际融合的发展路径，增强朝阳区的时尚感染力、文化软实力和产业竞争力，提升朝阳区国际知名度、区位繁荣度、消费舒适度、政策引领度，产业创新能力显著增强，集聚辐射和引领带动作用明显增强，时尚产业服务于国际消费中心城市建设主承载区的作用明显，推进更宜居、更开放、更具活力的新朝阳建设的作用更加凸显，为全国时尚产业发展、创新和升级提供可复制的“朝阳模式”。

1. 创意引领

强化时尚设计的核心地位，倡导全产业链时尚设计理念，整合全球顶尖创意设计资源，全面提升时尚设计能力，打造北京时尚创意产业核心价值链，依靠创意设计形成产业发展新优势。

2. 科技赋能

加快时尚产业与新一代信息技术的深度融合，通过人工智能、大数据增强时尚消费新体验，促进时尚生产组织模式与商业模式变革，涌现出时尚科技消费的新模式、新业态、新格局。

3. 产业集聚

优化时尚产业布局，加快建设产业集群化载体，增强产业聚集辐射引领力。促进要素资源在京津冀的合理配置和科学分工，完善产业链在京津冀的集聚，形成京津冀集群发展效应。

4. 国际融合

加快集聚国际高端时尚资源，在时尚领域推动多元化的国际合作。推动时尚、文化、影视、传媒、旅游、体育、会展等不同产业间的跨界融合，推动本土品牌与国际知名品牌合作，推动时尚企业实施国际化战略，加速融入全球时尚消费网络。

（二）发展定位

1. 国际高端时尚资源聚集地

优化时尚产业的营商环境，吸引国际高端时尚资源的聚集和国内外时尚品牌入驻朝阳区，增强“首店”优势，推动时尚领域更多元化的国际合作，加速融合全球时尚网络。

2. 京津冀时尚产业辐射引领区

按照“商业+品牌+时尚”的定位，深度参与京津冀时尚产业的对接协作，积极推动时尚产业链外延扩张，依托CBD、“双奥”遗产等功能区，拓展和延伸时尚产业链条，提升产业附加值，增强朝阳区时尚产业的辐射输出能力，助力京津冀打造世界级城市群。

3. 首都时尚新消费前沿阵地

对标国际，持续提升地标性建筑或特色商圈的影响力，创新孵化模式，促进传统消费升级和新业态、新模式的涌现，形成特色商业街区和产业园区，提升朝阳区潮品牌的影响力。

六、朝阳区时尚产业发展的对策建议

时尚产业发展是一项系统工程，从政策、科技、品牌、载体、空间、生态等角度提出相关对策建议，以提升朝阳区时尚产业的竞争力和影响力。

（一）发挥政策扶持支持作用，助力时尚产业高速发展

时尚产业既可以满足人们日益升级的需求，更具有新兴产业的引领功能，进而可以引领其他产业的协同发展。朝阳区为应对日益激烈的外部竞争，推动时尚产业高质量发展，需发挥政策扶持支持作用。

1. 加强顶层设计和政策引导

在充分发挥已有政策效力的基础上，研究出台相关政策文件，科学引导产业发展。分行业、分区域制订切实可行的发展计划，有针对性地开展招商引资，淘汰落后企业，推进产业集聚，协调产业布局，强化专业优势，完善时尚产业链。

2. 强化财政与金融政策支持

探索设立专门针对时尚产业的专项发展扶持资金，加大金融机构对时尚产业的支持，探索融资担保新融资方式，鼓励投资机构通过私募股权投资基金、创业投资基金等形式投资时尚产业的研发环节。

3. 健全时尚产业统计调查制度

建立一套科学、规范、有效的时尚产业统计指标体系，完善时尚产业的监测调查制度，准确把握产业发展现状。在国家现行统计调查制度下，针对朝阳区时尚消费、时尚研发、时尚设计和时尚智造等特色领域，制定朝阳区时尚产业的统计分类标准、统计口径范围和指标计算方法，完善量化科学的统计分析和管理，为研判行业形势提供有力支撑。围绕行业重大问题，系统地开展专题性调研与研究。

4. 加强时尚产业的宣传力度

注重国内时尚消费市场，采取时尚创意活动、多样媒体传播、线上线下互动等方式，依托国内外综合性、专业性的权威媒体，多视觉、全方位、专业化地聚焦朝阳区时尚产业发展，扩大本土品牌知名度与影响力，刺激时尚消费需求。

（二）加速产业链数字化转型，促进时尚产业提质增效

数字经济作为通用性、基础性支撑的属性日渐突出，已经成为全球经济的普遍形态。朝阳区时尚产业要紧抓数字技术变革机遇，大力推动产业数字化、网络化、智能化转型，加快形成从设计到生产全流程的数字化解决方案。

1. 制定数字化创新战略

发挥朝阳区在数字经济方面的优势，着力打造商圈连通网络，提升基础设施智能化水平，形成高速、互联、智能的消费网络环境，培育5G引领数字时尚区。加快时尚产业企业转向数字设计、数字研发和数字营销等高端价值链，推进数字产业创新战略。

2. 提升数字驱动能力

尊重消费者权益，合理利用数据。加强人工智能等信息技术在客群分析、趋势研究、产品设计、市场营销中的应用，以数字经济助力品牌建设，充分发挥社交媒体、电商平台的流量汇聚效应，建立品牌与消费者之间的深层次连接，推动传统品牌焕新与再造，助力新品牌衍生与崛起。

3. 扶持数字时尚业态

加快推动先进技术在生产营销各个关键环节的应用，加速业态融合化。将新材料、新工艺、新设备加快引入传统产业，运用互联网、物联网、工业云、大数据等技术提高整个产业链各个环节的数字化水平。开展线上与线下融合的多元营销，加强与知名电商平台的合作。制定财税、金融、土地等配套政策扶持数字业态，采用土地置换和物业置换方式腾挪空间，留驻时尚企业。

4. 增强数字化创新技术

鼓励时尚企业与科技企业合作，开展面料研发、生产制造、工艺设计等方面的合作，建立IT技术与时尚技术融合发展良性机制。建设综合型大数据平台，打破企业间信息孤岛，建立企业大数据信息平台，建立服务企业数字信息分享机制，辅助企业掌握市场动态和开拓国内外市场。建立时尚设计和机械装备研发队伍，储备数字设计、数字机械装备，掌控时尚产业研发和生产核心环节。

5. 引导数字化创新消费

建立柔性宽松的时尚街区环境，激发设计师创意灵感，发挥设计师的功能和作用。建设线上线下时尚展会中心，利用实体展厅和虚拟现实技术，定期举办国内外大型时尚赛事、发布会、展销会，利用线上发放消费券、打折优惠等形式，鼓励数字时尚消费。

（三）培育扶持本土时尚品牌，提升产业价值高度

城市时尚产业发展的核心要素是本土时尚品牌，推进品牌建设是提升时尚产业价值升级的必然选择。

1. 加强文化资源挖掘，推进本土品牌建设

要以独特的文化资源整合为核心，深度挖掘我国传统文化和世界先进文化，促进产品设计与文化创意产业的有效融合，培育体现中国特色、具有全球影响力的时尚品牌，鼓励企业开展个性化定制、柔性化生产，培育“打卡朝阳”等一批文旅IP，培育“潮朝阳”为主题的时尚产业品牌。

2. 鼓励时尚品牌强化个性化定位策略

利用新型互联网模式，通过直播电商、网红经济等方式鼓励个性化的宣传，探索线上线下深度融合发展，提升品牌价值，孵化形成网红品牌和时尚品牌IP。

3. 加强自主品牌宣传和推广力度，提升知名度和影响力

促进时尚产业与首都文化品牌的融合，加强整体宣传。建设高水平、广影响的时尚展示平台，吸引整合时尚产业相关资源，支持不定期举办时尚发布和展示活动。鼓励时尚企业发挥比较优势参与国际有影响力的展览展示与走秀活动，在全球开设自主品牌专柜。完善提升时尚传媒体系，建设多元化的发布传播体系。

4. 加强国内外时尚经济交流

搭建时尚发布与交流平台，推广宣传本土时尚品牌，促进高水平人才交流分享，加速产品与企业的对接，提升时尚设计的国际知名度，为首都“四个中心”建设，构建优良的时尚消费环境。

（四）打造时尚产业发展载体，提升空间集聚效应

产业载体在高水平要素聚集和流动中发挥重要作用，朝阳区时尚产业的发展要凝聚力量打造时尚平台、升级现有产业园区。

1. 重点打造一批有国内外影响力的时尚平台

将时尚街区大道和时尚消费街区作为时尚产业发展的重要载体，加强高水平的统筹规划，明确特色定位。重点打造CBD、三里屯、坝河三大具有国际影响力的消费商圈，重点打造一批有国内外影响力的时尚平台。

2. 促进现有产业园区的优化升级

优化现有时尚产业园区内的功能布局，拓展园区功能，优化产业发展环境。升级改造798艺术区、751D·PARK时尚设计广场、莱锦文化产业园等产业园区，完善政府、院校及科研院所、行业协会、中介机构、人才培训基地、企业孵化器、国际性组织等多样化综合协调发展的公共服务体系。吸引数字时尚相关创新载体，加强数字服装设计学院、打板、印花、检测检疫等数字中心建设，打通数字时尚创新产业链条。

3. 激发市场主体向价值链高端升级的内在动力

在发挥市场优胜劣汰作用的同时，扶持时尚产业各行业中的特色、重点、龙头企业，鼓励企业在研发设计环节加大投入。以龙头企业为引领，促进设备、产品、品牌的优化升

级和产能扩张调整，促进时尚产业集群联动效应的发挥。培育具有竞争力的时尚产业企业，鼓励重点企业向企业总部转变。

（五）“三个空间”协同发力，有效拓展产业发展空间

时尚产业的未来发展空间仍具备无限潜力，但要做大、做强时尚产业结合资源禀赋和优势特色，需要三个空间协同发力。

1. 实体空间——打造精品时尚商圈

优化商业空间，在北部地区提升三里屯、CBD、蓝色港湾等商圈品质，加快推进郎园Station项目，转型提升奥运功能区商业转型。在南部地区打造直播基地，推广“望京小街”经验培育网红街区。鼓励重点商圈丰富夜间消费服务，支持世贸天阶、国贸等“夜京城”地标发展。

2. 虚拟空间——培育新零售新服务业态

依托传统特色文化，鼓励支持企业运用新一代信息技术创新制造模式，提高产业链协同网络化水平，实现绿色制造方式。

3. 生态空间——助力新时尚品牌壮大成长

推出一批朝阳区新消费品牌“孵化场”，建立新消费品牌孵化基金，搭建新消费品牌孵化生态圈。基于798艺术区、郎园Station等时尚产业园区，探索升级孵化模式和经验，建设一批时尚双创空间。依托龙头企业，搭建互联网平台，建设线上时尚双创空间。

（六）完善时尚生态系统建设，集聚产业发展高端要素

在朝阳区时尚产业的发展中，为提升产品附加值，需探索建设时尚产业生态系统，聚集高端时尚资源，培养高水平时尚人才。

1. 实施高端人才培养工程

采用校企合作、产学研结合等多种形式，培养具有理论与实践兼具的时尚产业专业化人才。依托北京服装学院，设置国际化人才培养定位，依托产业优势，整合全球领先时尚教育资源，通过多元化教育模式创新，持续推进时尚设计人才的国际化教育进程。通过订单培养、学历教育与职业教育并举等多种方法，培训紧缺的时尚设计师、时尚买手及时尚品牌运营等专业化人才。支持依托时尚产业的相关企业建立实训基地，并提供一定的财政补贴。

2. 引进高端时尚资源与人才

加强与高校院所和培训机构合作，探索新型时尚产业相关课程体系，引进高水平教师队伍。为提升关键核心制造环节的技术工艺和创意设计水平，鼓励企业以项目合作和管理策划的方式，引进全球高水平的技能人才和技能工匠大师。

3. 实施知识产权保护与激励机制

探索运用区块链加密技术进行时尚创新创意的数字确权，发挥行业协会及平台的知识

产权保护与监督作用。通过对知识产权项目的财政资金支持方式，激励企业和设计师形成高水平的创意设计成果。

（王婧倩　北京服装学院中国时尚研究院
陈文晖　北京服装学院中国时尚研究院
孙娜　中国社会科学院工业经济研究所）

参考文献

[1] 中欧国际商学院《中国时尚产业蓝皮书》课题组. 中国时尚产业蓝皮书[M]. 北京：经济管理出版社，2015.

[2] 马胜杰. 中国时尚产业发展蓝皮书（2019）[M]. 北京：经济管理出版社，2019.

[3] 马胜杰. 中国时尚产业发展蓝皮书（2020）[M]. 北京：经济管理出版社，2020.

[4] 陈文晖，熊兴，王婧倩. 加快发展时尚产业以推动北京建设全国文化中心的建议[J]. 中国纺织，2019（1）：110-111.

[5] 颜莉，高长春. 时尚产业国内外研究述评与展望[J]. 经济问题探索，2011（8）：54-59.

[6] 汪明峰，孙莹. 全球化与中国时尚消费城市的兴起[J]. 地理研究，2013，32（12）：2334-2345.

[7] 赵洪珊，李晓慧. “世界城市”建设中北京时尚产业的发展策略[J]. 经营与管理，2014（6）：28-30.

[8] 崇蓉蓉，魏星，何雅君. 文化创意产业园发展现状研究——以北京798艺术区为例[J]. 赤峰学院学报（汉文哲学社会科学版），2019，40（4）：66-68.

[9] 汤艺一. 工业遗产资源开发利用路径探究——以北京751D·PARK时尚设计广场为例[J]. 中国市场，2021（5）：57-58.

[10] 张健，龙伟. 国内商业综合体优化发展策略与实践案例分析[J]. 商业经济研究，2020（22）：113-116.

[11] 于天歌. 关于老旧厂房拓展文化空间的思考——基于郎园文化创意产业园的调研[J]. 区域治理，2020（1）：251-253.

[12] 单艺伟. 北京市朝阳区跨国公司地区总部增至129家约占全市总数的七成.

[13] 李佳. 北京朝阳区将实施消费提升八大工程.

[14] 227家入驻，北京朝阳首店经济开启加速度.

[15] 蔡奇王文涛陈吉宁走进SKP南区、三里屯太古里，召开部市合作推进北京国际消费中心城市建设现场会.

[16] 北京率先协同推进建设国际消费中心城市.

[17] 首创集团丨朝阳区“新消费品牌孵化基地”落户首创郎园.